親の支配 脱出マニュアル

心を傷つける家族から自由になるための本

一般社団法人WANA関西代表理事
藤木美奈子

kokoro library
講談社

生きづらさを抱えたあなたへ——序にかえて

「いい歳《とし》をして、あなたまだ親のことでこだわってるの？」

慕っていた先輩にそう言われたのは、私が40歳を少し過ぎた頃でした。これまで誰にも話さずにきた親との葛藤について、私が打ち明けたときのことです。

この人ならわかってくれるかも——そんな淡い期待を打ち砕いたのは、返された冷ややかな問いかけでした。

曖昧な笑みを浮かべてその場をやり過ごした私でしたが、その後は彼女に会うことができなくなりました。

私は自分の親との関係性について、ずっと考えて生きてきました。

私を虐《しいた》げたあの親は、私にとって何だったのか。

なぜ私は、こんな生きづらさを抱えなければならなかったのか。

どうすればよかったのか――その思いは尽きることがありません。

その私が今、親から虐待されたり、不適切な養育を受けた人の心の回復をお手伝いする仕事をしています。

周囲を見渡すと、仲よさげに見える家族がたくさん目につきます。親の問題でこんなに悩んでいるのは自分だけだ、と思っていましたが、どうやらそうではありませんでした。親から傷つけられ、それでも何とか生き延びて大人になった方々が、日々、私のもとを相談に訪れます。

きちんと働き、家族を持ち、安定した生活を営んでいる人も大勢いますが、その一方で人間関係を恐れ、社会生活に挫折し、非行に走ったり犯罪に手を染めてしまった人もいます。しかし、全員に共通していることが、少なくともひとつあります。

それは「深い罪悪感」を胸に秘めて生きている、ということです。

どうして自分の人生は、こんなにうまくいかないのだろう?

親に愛されなかった自分は、生涯孤独に生きるしかないのか？

そもそも親とは何なのか？

誰もが多かれ少なかれ、そのような思いを抱えて私の研究所の扉をたたきます。「傷つける親」によって負わされた〝後遺症〟で苦しんでいるのです。

「子どもを傷つける親」の諸類型

昨今、「毒親」「機能不全家族」という言葉をよく耳にします。子どもの心身を傷つけ、健全な成長を阻害する親や家庭環境がそのように呼ばれるようです。

ここであらためて、「子どもを傷つける親」とは、どんな親か、よくあるタイプを次ページに掲げました。多種多様に見えますが、これらの親には共通した特徴があります。

それは、「子どもの気持ちを大切にしない」という点です。

子の将来にとって決定的なのは、親の経済力や暴力の有無だけでなく、「親が子の気持ちを大切にしていたかどうか」です。

子どもを傷つける親は、「……せねばならない」「……すべき」といった強迫的な思考を

表情や機嫌で子どもを操作する

自分の考えをはっきり言わず、
感情を表情や態度に出すことで
子どもを不安にさせ、服従を強要する

子どもに食事を与えるだけ

親の都合にあわせて世話をする。
親が自分の用事にかまけて忙しく、
子どもの気持ちは切り捨て、生かしておくだけ

子どもに依存する

親と子の間に一線が引けておらず、
小さい頃から子どもを自分の友人のように扱い、
性的なことまであけすけに相談する

子どもを搾取《さくしゅ》する

「子が親の面倒をみるのは当たり前」という考えがあり、
家事の多くを子どもに押しつけたり、
子どもにお金を無心したり、貯金を勝手に使う

子どもを性の対象にする(性的虐待)

レイプや、性行為を見せる、性器を触らせる、など。
性的虐待を加えられている子に、
同性の親が嫉妬して虐待が深刻化することもある

▶ 子どもを傷つける親とは ◀

感情的で、すぐに暴言・暴力をふるう

「できそこない」「お前なんか産むんじゃなかった」と
子どもを罵ったり、「死んでやる」「殺す」などと脅したり、
殴る・蹴るなどの暴行を加える

なんでも自分の思い通りにしようとする

子どもの勉強、進学、就職、恋愛、結婚など、
あらゆることに介入する。
成功した親、挫折した親どちらにも見られる

子どもを他者と比較する

きょうだい同士を成績や素行、容姿などで比較して
扱いに差をつけたり、親戚と比べて子どもをおとしめたりする

自分の価値観を子どもに強要する

特定の宗教を強制したり、「世の中カネがすべて」
「成績トップでないやつはクズ」などといった
極端な価値観で子どもを縛る

夫婦仲が悪く、そこに子どもを巻き込む

争いが絶えず、家庭内が常に緊張感で張りつめている。
子どもが夫婦の諍《いさか》いに巻き込まれたり、
愚痴を延々と聞かされたりする

する傾向があります。こうすべきだという「思い込み」や「決めつけ」が強すぎると言えます。

なかには、一見しただけではわかりにくいケースもあります。「子どものために、こうしているんだ」と言い張る親もいます。そのようなタイプは、傍目《はため》には単に子煩悩で過保護な親に見えるかもしれません。

しかし、「自分の考えが正しい」「こうするしかない」という考えが強すぎて、子どもの気持ちを思いやれず、子どもの気持ちに寄り添うことができない、という点では、ほかのタイプと変わらないのです。

自分の気持ちを大切にされなかった——そのような思いを持って育った子は、例外なく「生きづらさ」を抱えて生きることになります。人間関係がうまくいかず、転退職をくり返したり、結婚生活や子育ても悩み多きものとなります。

なかにはうつ病やパニック障害などの精神疾患を患《わずら》ったり、酒、薬物、ギャンブル、過食や自傷行為などに救いを求める人もいます。

なぜ、そんなことをしてしまうのでしょう？　その根底に「親に自分の『存在価値』を認めてもらえなかった」という悲しい原体験があるからです。

その体験の記憶から生じるのは、「自己無価値感」、すなわち「自分を価値ある存在と認められない感覚」です。その感覚が不安や苦しさなど「負の感情」を生み出し（次ページ参照）、いつまでもその人を苦しめ続けるのです。

これが「傷つける親」によって負わされた後遺症のパターンと言えます。**私はこれを「育ちの傷」と呼んでいます。**

「育ちの傷」を抱えた人は、〈この苦しさから抜け出す方法などこの世に存在しない〉と思い込んで無気力になったり、引きこもったり、あるいは睡眠薬や向精神薬などに偽りの救いを求めたりして社会から離脱し、医療や福祉の保護下で生きることを選択してしまう場合があります。

しかし、それらはいずれも一時的な逃避にすぎず、かえって身を亡《ほろ》ぼしかねません。もっと根本的に親との関係を考え直し、トラウマからの回復を図る必要があります。

本書は、そのような根源的な解決策を提案するために書きました。

▶「育ちの傷」から生じる負の感情◀

自分のことが嫌い
生きていても楽しくない。 早く死にたいといつも考えている
いつもまじめにがんばっているのに、 心のもやもやが晴れない
いつも不安を感じていて、気持ちが落ち込むと なかなか立ち直れない。寝込んでしまうこともある
何かあると「自分のせいだ」と感じたり、 「自分なんかどうせ……」と考えてしまう
周囲の人の機嫌が気になって仕方ない。 おかげで人間関係でいつも気疲れしている
自分の気持ちや感情がよくわからない。怒りや悲しみ などが、時間が経過してからでないとわいてこない
ずっと「自分」というものがない感じがしている
アルコールや薬、パートナーなど、 依存できるものがないと生きていけない感じがする
親に会いたくないし、親のことを考えるだけで 気が重くなる
自分が子どもを産んでもかわいいと思えず、 子育てに苦痛を感じている
子どもに苛《いら》立《だ》ち、手を上げるなど 感情を爆発させてしまうことがよくある

「毒親」という言葉に潜む問題点

あらためて一言でまとめると、**「育ちの傷」とは、不健全な成育環境によって子どもが負ったトラウマのことです。**

成育環境のなかでもとくに重要な要因となるのが、親から子への接し方であり態度です。そのため「育ちの傷」問題と「毒親」問題は重なる点が多いと言えます。

ただ、問題をシンプルに親だけの責任とすることに、私はためらいがあります。そこで私は「毒親」という言葉を避け、「育ちの傷」と呼んでいます。

なぜ親「だけ」の責任と言い切れないのでしょうか。

ひとつは、社会的・経済的要因があるからです。毒親にしか見えない人のなかには、経済力がなく精神的にも未熟な10代のうちに出産し、適切な支援を受けられないまま、育児放棄ぎみで子どもを育ててしまった人がいます。

また、加害者となった親自身もまた毒親に育てられたという、「世代間連鎖」の問題もあります。この視点から見ると、毒親自身を被害者と見ることもできるわけです。

もちろん、子どもを傷つける親に同情すべきと言いたいわけではありません。貧しくとも明るい家庭は築けますし、自力で連鎖を止めることも不可能ではないのです。それ以上に、どんな事情があるにせよ、子どもを傷つけたという事実は、許されるものではありません。

しかし、人間とはそれほど強くて聡明《そうめい》なものでしょうか。

また、原因のすべてを親に帰すと、それ以外の諸要因が見えなくなってしまいます。以降、私が一貫して「育ちの傷」という言葉を用いる理由は、そこにあるのだと理解してください。

「育ちの傷」は克服できる

「育ちの傷」には複雑な要素がたくさん絡《から》んでおり、特有の難しさがあります。

たとえば、本人が問題の原因に気づきにくい点があります。自らが親によって傷つけられた人間であることを、人はなかなか認められないものです。心優しい子や、親は正しいと強く信じて生きてきた子ほど、その傾向が強くなります。「親を否定する＝自分の存在そのものを否定することになる」という感覚があるためです。

また、本人の心の苦しみは周囲にいる人（友人、支援者など）になかなか伝わりません。この社会には「家族とはこういうもの」という先入観（家族信仰）が根強く、成育環境に起因する問題には目が向きにくいのです。そのため「育ちの傷」がある人は、「厄介者」「困った人」として排除されてしまいやすい面があります。

このように、「育ちの傷」は誤解を生じやすく、いまだに十分な理解を得られているとは言えません。そこで本書では、数々の具体的なエピソードで実態を知ってもらいながら、「育ちの傷」を乗り越える方法を提案していきます。

まずは、私たちが無意識のうちに抱いている家族信仰に疑問を投げかけてみます。

次に、支援機関・支援者の上手な活用法を提案します。トラウマから回復するためには、他者の援助をうまく活用するのが近道だからです。しかし、パートナーや処方薬に頼りすぎてはいけません。その理由も詳しく説明します。

そして「育ちの傷」から回復するのに最も重要なのが、「自尊感情」をよみがえらせることです。自尊感情とは、自分を認め、大切にする感覚のことですが、どうすればその感覚を取り戻せるのか、第5章でその方法と考え方を詳しく記しました。

なお、本書で紹介する数々の事例は、仮名を使い複数のケースをまとめて再構成し、個人を特定できないようにしたものであることを申し添えておきます。

立ち直る底力は誰にもある

私は、孤児で無学だった10代の未婚の母から生まれ、そのパートナーから性的虐待を受けるなど、「育ちの傷」を抱えた子として育ちました。そして、成人後もパートナーからのDV、離婚、度重なる転職、自殺企図など、さまざまな困難に直面することになりました。

この間の私のサバイバルは、『傷つけ合う家族』や、前著『親に壊された心の治し方』（ともに講談社）などに詳しく書いたので省きますが、そんな私の立ち直りのきっかけとなったのが、自身で考案した「性格矯正トレーニング」でした。そのトレーニングを講演で公表したことがきっかけとなって大学院に進学、博士号を取得したのです。

その後は大学教員を経て、現在は一般社団法人「WANA《ワナ》関西」（大阪市）の代表理事を務めています。ここでは、心理支援の研究所と障がい福祉サービス「Maluhia《マルヒア》」の2つの事業を営み、「育ちの傷」や発達障害などの生きづらさを抱えた方々に自立訓練の場を提供しています。自立訓練とは、就職活動にはまだ少し早い人が、心と体調を整えるところとお考えください。

経歴自慢をしたいわけではありません。「育ちの傷」を抱えた人でも、絶対にどん底から這《は》いあがれる――そう伝えたいのです。ぜひ本書を最後まで読み、その内容を少しでもいいので実践してみてください。

支えられる側から支援者へ生まれ変わる人も、めずらしくありません。あなたが支援者であったり、当事者の近しい人であれば、本書の内容をもとにアプローチしてみてくださ い。時間はかかるかもしれませんが、きっと、新しい生き方を見つけられるはずです。

本文および巻末の資料に掲載した情報は2021年4月末時点のものです。予告なく変更されることがありますので、連絡・アクセスの際はご注意ください。

Case1 ヒロミさん

傷つける親に尽くし続ける人

第1章 家族から受けた「洗脳」を解く

Case2
ミカさん

支援機関を転々とする人

第2章

支援機関の選び方・使い方

第3章 精神医療とうまくつき合う

Case3 マリさん

酒とパートナーに依存する人

第4章

依存を断ち、自分を傷つけるのをやめる

Case4
カオルさん

自分を人間だと思えない人

第5章

自分を肯定して生きる

ブックデザイン　小口翔平＋加瀬梓＋畑中茜（tobufune）
協力　嶋尾通
DTP　朝日メディアインターナショナル

Case1
ヒロミさん

傷つける親に尽くし続ける人

「お待たせしました、どうぞ」

スタッフの声に促され、遠慮がちに姿を現したヒロミさん。礼儀正しく、とてもまじめな雰囲気の主婦です。

まずはフェイスシートに記入していただきます。初回の方が事前に基本データを記入する調査票ですが、そこには、

〈親、きょうだいとつき合うのが難しい〉

〈生きているのがつらい〉

という悩みが書かれていました。

家族のなかでひとりだけ嫌われて育つ

「私、母に愛されないんです」

相談室で重い口を開いたヒロミさん。その目はうるみ、長年抱えてきた苦労をやっと人に語れる喜びで身を震わせているように見えました。

「きょうだいのなかで、私だけなんです。弟たちは、母とうまくやれているのに、私だけ

が……」

あまりにつらそうな表情に、私は慰めのつもりで、ついこう言ってしまいました。

「まあ……長男や長女って、親も初めての子だから、要領がよくないというか……」

その言葉に彼女は強く反応しました。

「違います！　そうじゃないんです！　母は私のことが大嫌いなんです！」

カッと目を見開いて声を張り上げます。そして、

「……こんなに尽くしてきたのに……」

そう言うと、遠方から飛行機でやってきた疲れもあってか、精も根も尽き果てたという様子でドサリとソファにもたれかかりました。

そのまま、まるで独り言のようにこうつぶやきます。

「親は大事にするべきだと思います。こんなことを言う私は親不孝なんだ、ってわかっています。だから、ずっとずっとがんばってきたんです。なのに、それでも家族に嫌われ続ける自分に自信が持てなくなりました。本当に、自分で自分が嫌になります……」

ここを訪れる方々は、みな家族問題を抱えています。しかし、彼女の弱り具合は際立《きわだ》っているように見えました。それだけ母親への思いが強いのだとも言えます。

その後、ヒロミさんは数回にわたり、私のもとを相談に訪れました。以下の話はそのときに聞いたことをまとめたものです。

「お前なんか死んでしまえ」と言う親

ヒロミさんは、現在、夫と息子、娘との4人暮らしです。

夫は優しく、子どもたちとの生活に不満はありません。また現在、それぞれ家庭を持つ実の弟が2人おり、75歳の母はひとり暮らしをしています。

きょうだいのなかで、自分だけが愛されていないことは昔からわかっていた、と彼女は言います。

「子どもの頃から、料理や洗濯などの家事は、全部私の仕事でした。母からは何度も、『親に尽くすのは当たり前』『このくらいのことを家族のためにやるのは当然だ』と言われ続けました。うまくできないと、『お前なんか死んでしまえ！』と罵られます。

ほかにも、父方の祖母のことが大嫌いな母は、ことあるごとに私に『お前は本当にだめな人間だ。おばあちゃんにそっくりだよ！』と言い続けました。父とうまくいかないストレスを私に向けていたのだと思います」

しかし、子どもだったヒロミさんには、家族のなかで何かにつけ自分だけが仲間外れにされる理由がずっとわかりませんでした。

「弟たちはそれぞれ独立していますが、今でも母と3人で、しっかりまとまっています。田舎なので、家族行事もいろいろあるのですが、大事なことは自分には伝わってきません。たとえば、盆のしたくも私抜きでやっています」

母親は弟たちには優しく、そのためか彼らがヒロミさんに話しかけてくることは少なかったようです。

「なぜ無視するの」と弟たちに問いただしたこともあります。しかし、明確な答えはなく、そのとき、返ってきたのは、「(ヒロミさんが)わがままだから」という言葉でした。

女は大学に行かなくていい、と言われて

母親は、何かを学ぶことにまったく価値を見出《みいだ》さない人でした。

ヒロミさんが家で勉強をしていると、「知識なんていらない!」と邪魔をしてきます。

ところが、皮肉にもヒロミさんの成績は学校で1番でした。

ヒロミさんの大学進学の時期が近づくと、家には不穏な空気が流れました。

「女なんだから、大学に行く必要はないんだ」

頑としてそう言い張る母。ヒロミさんは親に学費を出してもらうことをあきらめ、「自分のお金で行く」と母に告げます。

考えた末、ヒロミさんは新聞配達をしながら大学に通うことを決めました。

入学後は遊ぶ時間などありませんでした。他の学生がキャンパスライフに華を咲かせている姿を横目に、まだ暗い早朝の町でヒロミさんは新聞を配り続けました。

雨の日は大きな雨ガッパをかぶり、黒いゴムのベルトで自転車の前と後ろに新聞の束をくくりつけ、長靴を履いて配達しました。

そんな娘の姿を見て、母がかけた言葉がこれでした。

「みっともないから人に言うんじゃないよ」

ヒロミさんは当時に思いを馳《は》せ、唇を噛《か》み締《し》めます。

「心を石にして、歯を食いしばるしかありませんでした」

無事、大学を卒業することはできましたが、親に学費を出してもらえなかったのはきょ

うだいのうちでヒロミさんだけでした。その経験はヒロミさんのなかで、
〈それだけの価値が自分にないから〉
という考えへと変換され、鬱屈《うっくつ》した思いはさらに深まっていったのです。

子の「やりたいこと」を潰す親

ヒロミさんはその後、現在の夫と出会い結婚。子どもにも恵まれました。

子育ても一段落した頃、安堵感《あんどかん》からか、ヒロミさんは心の癒やしを求め始めます。

出会ったのがアロマセラピーでした。香りの魅力はもちろん、人に喜んでもらえる楽しさにやりがいを見出し、研修や勉強会に通って知識と技術を身につけ、とうとう自分の教室を開くことになりました。

「よかった。がんばってね」

夫や子どもたちは快く背中を押してくれました。

しかし、それを聞きつけた母親は、ヒロミさんが教室を開くことに猛反対を始めます。

理由は、

「お前が成功なんかするわけがない」

というものでした。弟たちもそれに同調しました。

ヒロミさんはそのときの思いをこう語ります。

「私が子どものとき、母親から毎日かけられていた言葉は『死ね』でした。子どもって、学校から帰宅したら、学校の様子を聞かれたりしますよね。母はそんなこと、一言も尋ねません。ただ『死ね』なんです。

だから、何をするときにも、〈どうせ自分なんて〉と気持ちが萎《な》えました。

それを何とか奮い立たせて、やっとたどり着いたのがアロマの仕事でした。それだけに、この歳《とし》になっても実の親に真っ向から反対されて……自分のなかで何かがプツンと切れたような気がしました」

昼も夜もわからないくらい無気力に

次第にヒロミさんは眠れなくなります。精神科でもらった薬が手放せなくなりました。

「教室開設に反対されてから、私のなかで、何かが崩れていく感覚が止まらなくなったんです。どれだけ眠っても頭がボーッとして考えることができない、何もしたくない、という日が続きました。

友人たちから、『ホテルでランチしよう』と誘われても、〈行ったってどうせ楽しめない〉〈私なんかが一緒に行っていいのか〉〈私はそんなところに行けるような人間じゃない〉なんて、そんなひどい考えしか出てこないんです」

アロマセラピーの会合に参加したときは、挨拶すらできなくなっている自分を発見してショックを受けたと言います。

「自己紹介をと頼まれたとき、頭を駆け巡ったのは、〈自分なんか、人前で自己紹介できるような人間じゃない〉、という最低な考えで、しどろもどろになりました」

しかも、その失敗を何日も何日も引きずってしまう――。

そのうちカレンダーを見るのすら苦痛になり、今日が何日の何曜日か、はっきりしなくなり、とうとう時間もわからなくなりました。

台所で、気がついたら夕方になっていて、流し台には朝食の洗い物がそのままになっていた、ということさえありました。これまでの自分ではないような気がしました。

「今思うと、うつ病だったかもしれません」

それ以来、実家に足が向かなくなりました。

「行かなくては」と思うと、ひどい頭痛が起きるのです。年末年始、お盆などの定期的な行事には、何があろうと母のもとを訪れていたのに――。

「すべて気力で乗り越えてきた私でしたから、今回のつらさも時間がたてばましになるだろうとタカをくっていたんでしょうね。なのに、楽になるどころか、しんどくなる一方でした」

物心ついたときから悲壮な努力を重ねてきたヒロミさん。次第に本当の自分とは、そして自分の親とはどんな人間なのかを知りたい、と心の底から願うようになりました。

答えを求めて、ヒロミさんは手あたり次第に心理学や自己啓発の本に手を伸ばしました。「毒親」という言葉を知ったのもこの頃でした。

実の親にカネを無心されて

ヒロミさんの父親は、3年前に脳梗塞で亡《な》くなっています。

母は昔から、ことあるごとにヒロミさんをつかまえては父親の悪口を垂れ流す人でした。

「お前の父親には、本当に苦労させられたよ。ずーっと病気がちでね。まともに会社勤めができないもんだから自分で商売やったんだよ。けど、パッとしなくてねぇ」

何百回そんな話を聞かされたかわかりません。抑揚、間のとり方までいつも同じです。母はヒロミさんの気持ちなど気にもかけず、父の悪口を続けるのでした。

「商売をやめてから性格が変わったみたいで、急に怒り出したり。毎晩深酒して、『お前らみんなオレをバカにしとるんやろー！』ってわめくし。あげくの果てに自殺未遂よ。もうカッコ悪いったら……。家で面倒みるのももう限界だったから、さっさと死んでくれてせいせいしたけどね」

ところが、父が他界したとたん露呈したのは、母親の〝自己管理能力のなさ〟でした。母親は、父親がいないと何もできない人だったのです。それだけでなく、問題が起きるたび泣きつく相手は、ヒロミさんでした。

「母は、嘘《うそ》をついて私からお金を引き出しました。その都度、事実をごまかし、〝かわいそうな女〟を演じて、『もうだめなんだよ』って私にすがりつくんです。一度や二度ではないです。

あとできょうだいの話から嘘だとわかり、そのたびに傷つきました。〈本当のことを言ってくれればいいのに〉って。

でも、それはいいです。私もできるだけのことはしてあげたいと思ってましたから。私がいちばんつらいこと、それは母親が私に、一度たりとも感謝しないことなんです」

そのうち収入も貯金もなくなった母親は、借金を重ね返済に追われるようになりました。ところが、金策に走りまわったのは、またもヒロミさんだったのです。

毎週のように実家に通い、母と相談しながら保険を解約し、車を手放し、お金をつくり、返済にあてました。しかし結局、母は家を売却せざるを得なくなりました。

「思えば、かつて母は、父から『お前はだめ人間だ』と怒鳴られていたことがありました。でも、それは本当だったんですね。今、母は家を失っただけでなく、老後の資金もありません。子どもたちはそれぞれ独立して、家を構えたというのに――。『お前は私の面倒をみるのが当然だ』と私に言い続けています」

この母親を、ただ依存心が強い、未熟な人間と考えることもできるかもしれません。ところが不思議なことに、母親はなぜか弟たちにはしっかりした親として振る舞うことができていた、とヒロミさんは話します。
「最近、わかったことなんですが、母は、私たちきょうだいの仲までコントロールしていたようです。私がきょうだいと連絡をとるときにも、監視の目を働かせていたみたいで……。彼らの私への態度がずっとよそよそしかったのは、母が私の悪口を、あることないこと彼らに吹き込んでいたからでした」

私と対話を重ねるうち、ヒロミさんは母親をこう分析できるようになっていました。
「かわいそうな人です。自分しか見えない人。母自身がおのれを肯定できないから、私という存在を通して周囲を操ろうとしていたんですね。相手をコントロールすることで人の愛情をつなぎとめる方法しか教わっていない人なんです。母は、そんな生き方が当たり前だと思っているから、死ぬまであのままなんだと思う」

そんな母ももう75歳。
〈鬼のような母でも親孝行しなければ〉
と思う自分もいれば、
〈親孝行なんて無理〉

と感じる自分もいる——ヒロミさんは複雑な胸の内をそう明かしました。

母の正体を悟った日

その後、母とヒロミさんの行方を決定づける出来事が起こりました。

借金問題が一段落ついたあと、ヒロミさんはしばらく母と距離をおいていたのですが、半年ほどたった頃、ヒロミさんの長男が病気になり、手術を受けることになりました。手術のあとはしばらく外出できなくなるため、迷った末、家族4人で母の家に顔を出すことにしたのです。

しばらく姿を見せずにいたヒロミさんたちがやってきたので、母親の対応は腫れ物にさわるようでした。

「元気だったの？　心配してたよ」

涙ながらに自分たちを気遣う母。しかしヒロミさんはこのとき、冷静に対応できる自分を感じていたと言います。

「自分たちが心から歓迎されているとは思えませんでしたし、またいつ利用されるかもわからない、と警戒を緩めないようにしていました」

息子が入院したのは千葉県の病院でした。4時間がかりの手術のあと、術後の様子を見るために、ヒロミさんのきょうだい、家族など全員が病室に集まっていたときのことです。

見舞いに来た母が、入室するなり開口一番に放ったのはこんな言葉でした。

「終わった？　私、ディズニーランドに行きたいんだけど」

手術を終えたばかりの孫のことなど、すっかり忘れたかのような口調——。

そこにいた全員がシーンとなりました。

このときを振り返り、ヒロミさんは深いため息とともに天を仰ぎます。

「呆《あき》れ果《は》てました。手術室から戻ったばかりの孫をいたわる言葉すら持ち合わせない人間、どこまでいっても自分のことだけしか考えられない人間なんだ、と」

母の心の貧しさをはっきりと思い知った瞬間でした。

そっと席をはずし、ひとり病室を後にしたヒロミさんは、病院の片隅で号泣しました。

「このときばかりは母に対する怒りで全身がいっぱいになりました。許せない、とはっきり憎しみを覚えました。なんであなたは私を幸せにしようとしないのか、娘である私の気持ちなど一切考えず、自分の都合のいいように私を育ててきたのはなぜなの、って」

ハンカチで目頭を押さえながら顔を上げ、ヒロミさんは苦笑します。

「そのときやっと気づいたんです。私は、母に操られて生きてきたんだって。私は母の操り人形だったんだって。でも、私は人形なんかじゃない、意思も感情もあるひとりの人間なんです。今なら、こう叱りつけてやります。『孫の心配ができないなら来るな』、と」

弟たちはこの日以降、何かにつけ「無理しなくていい」とヒロミさんに言ってくれるようになりました。きょうだいの遅い雪解けでした。

「私は悪くなかった」

最後の面談日、ヒロミさんはここに通い始めた頃を振り返り、こんな言葉で締めくくりました。

「ありがとうございました。自分がここへ来たのは、母のマインドコントロールから脱出するためでした。ずいぶん楽になりました。魔法が解けたような気持ちです。私は悪くなかった、心からそう思えるようになりました。

誰も信じられない、とは思いませんが、この世には、隙あらば人を利用しようと思う人間がいるんだとわかりました。それが自分の母親だったのは悲しいことですけど。自分でも気づかぬうちに、そんな母に洗脳されて、〈親の役に立たなくてはいけない〉と思い込む人間に育てられて……バカですね。でも、これからは誰にも操られないで、本来の自分の人生を生きてみたいです」

そして我が子のことに触れました。

「私は今でも町で仲のよさそうな親子を見ると苦しくなります。自分の子どもには私のようになってもらいたくない、その一心でここまで来ました。幸い、息子と娘は明るい子に育ってくれました。これからもいろいろあるでしょうけど、自分が親から受けた悪影響から逃れる努力を続けていこうと思います」

帰《かえ》り際《ぎわ》のエレベーターホール、少し照れた顔つきでヒロミさんはこう付け加えました。

「私、まだ答えの出ていない問題を思い出しました。アロマセラピーの教室を開いていいいのか、そして、親とのつき合いをこれからも続けないといけないのか、です。結局、自分に自信がないいんでしょうね。教室を始めたりしたら、またまわりから非難されると思うとひるんでしまって」

エレベーターのドアが開きました。私はこんなアドバイスをしました。

「その問題、寝かせておけば？　答えが出ないときは無理に出そうとしないこと。早く答えを出さなくては、と考えすぎる癖も心の毒になりますよ」

ビルの外では蟬《せみ》の鳴き声も弱まり、暑い夏が終わりを迎えようとしています。ヒロミさんはキャリーバッグを引き、駅に向かって歩き始めました。

第1章

家族から受けた「洗脳」を解く

その常識は親からの「プログラミング」

Case1のヒロミさんは、幼い頃から〝世間の常識〟を親にくり返し吹き込まれて育ちました。

ここでいう〝常識〟とは、具体的には「子は親孝行するもの」とか、「子は親の面倒をみるもの」といった世俗的なモラルや倫理観などのことです。ヒロミさんの親はそれを、自分の都合のいいように利用していたのかもしれません。

親に〝常識〟を刷り込まれ、幼少期からその考えを盲信してしまうと、子どもは成人してからも親との関係を変えられないままになります。

「プログラミング」という言葉を聞いたことがあるでしょう。コンピュータにさせたい仕事を順番に入力していくことですが、親による刷り込みは、これに似ています。

一度プログラミングされた考えは根強く人を縛りつけるため、違う考えを持ったり別の行動をとることができなくなります。ヒロミさんはこれを「洗脳」と呼んでいました。

こうした「プログラミング」の例としては、

・家族がいちばん。血のつながりほど大切なものはない
・誰からも好かれる人になりなさい
・世のため人のために生きることが最善の生き方
・人に迷惑をかけるな。人を頼るべからず

などが挙げられます。いずれももっともらしく聞こえますが、親子関係で苦しんでいるなら、これら〝常識〟の真偽を一度、疑ってみるべきでしょう。

本章では実際のエピソードを交えながら、「育ちの傷」のある人が抱えがちな「常識」「モラル」の誤りを指摘していきたいと思います。

当事者ほど問題に気づけない

「今の自分があるのは、母の強いあと押しがあったからです」

私のもとを訪れたある男性は、母親に対する感謝の気持ちをこう表現しました。

彼は国立大学を卒業して、官僚として働いていました。彼にエリートコースを歩ませるため、母親は彼に厳しく勉強をさせました。目的のためなら体罰も辞さない強硬な姿勢で

〝教育〟に臨んでいたそうです。

彼のケースは、親の学校教育に対する高い理想と偏執的なこだわりが、子どもを立身出世に導いた典型的な事例と言えます。

ところが、厳格な指導のもとで育てられてきた彼は、周囲の小さな失敗や不具合を許すことができない人間になりました。たとえば、こんな話をしてくれました。

あるとき彼は、知人を雰囲気のよいレストランに誘いました。注文をすませ、やがてテーブルに料理が運ばれてきます。ところが、それは注文したものとは違っていました。

その瞬間、穏やかに談笑していた彼の表情が一変します。

「おい、なんだこれ！」

怒声に驚いたスタッフがあわてて謝罪に来た瞬間、彼は火がついたような権幕で、

「ふざけるな！　もういい！」

そう大声を出すと、テーブルを強くたたいて立ち上がり、すごい勢いで店を出てしまったそうです。

「何かあるとすぐキレてしまう。ものすごくカッとするんです。頭のどこかでダメだとわかってはいるんですが、止められない」

些細《ささい》なことをきっかけに怒る、そのタイミング。

爆発と言ってもいいほどの、激しい感情表出。

相手を徹底的に責め立てる表情や口調、目つき。

すべてが母親にそっくりだ、と彼は自分を評します。

一方で、そんな自分の行動に問題があるとは露ほども思っていないようで、その後、彼の妻は「夫のＤＶ」が原因で家を出たと聞いています。


ある父親は某市の議員をしていました。息子が幼い頃から、

「誰にも頼るな」

「何でも自分で解決しろ」

「人など信じるな」

といった、極端な価値観や信念を刷り込み続けていました。ときには暴力をふるうことさえあったそうです。

一方、母親は父親の言動に何も口出ししませんでした。罵声や拳を浴びせられる息子を、なぜか守ろうとしなかったのです。

こんな母親には2つのタイプが考えられます。

①よくないと知りつつも、とばっちりを恐れて素知らぬふりをしている

②似た境遇で育っており、夫の言動に問題があると気づけていない

このどちらかです。

その後、成人した息子は大手銀行に勤めましたが、対人関係につまずき、心を病んで出社できなくなりました。私のもとへ相談に訪れた母親に親子関係について尋ねると、こんな調子で話します。

「そうですねぇ、そういえば夫はよく息子を怒鳴りつけていましたねぇ(笑)。お父さん(=夫)、お酒が好きなんですよ、たいして飲まないですけどね、まあ、酔うとね、いろいろと」

非常におおらかな様子を見せます。

「でも、仕事はそりゃあ立派にやりますよ。どんなに飲んでも二日酔いでサボるなんてことは一度もありませんでしたから。男としては文句ないんじゃないですか、議員としても5期目。これだけ実績があれば、ねぇ」

地位と名誉さえあれば多少のことには目をつぶる――これが母親の考えでした。

しかし、よく話を聞いてみると、この母親の実父は、夫と同じ気質の持ち主だったそうです。毎晩、大酒をくらってはくだを巻き、家族に当たり散らすが、仕事さえしていれば文句はないだろう、という人間でした。

母親にしてみれば、親が酔って子どもに絡《から》む光景は見慣れたもので、たいした問題とは考えなかったのかもしれません。

これは先に挙げた②に該当するタイプですが、息子の気持ちを思うと胸が痛みました。

家族関係は「ゲーム」にすぎない

誰しも自分の親が悪人だとは思いたくないものです。しかし、しつけに熱心で社会的地位の高い「立派な」親がいる家庭では、「親は正しい」という信念が強固に根付いていることがあります。被害者であるはずの子どもですら、自分の親は悪くないと思い込んでいることが多いのです。

親自身も周囲も世間も、親の側が間違っているなどとは考えません。ときには、

・酒を浴びるように飲み、家族に絡む

・家族に特定の価値観を押しつけ、無理やり従わせる
・言葉や暴力で家族を傷つける

といった行動すら大目に見られるか、肯定されてしまいます。

こんなことが起こる理由は、親の成功体験が問題行動を打ち消してしまうためと考えられます。しかし、出世や世間体が最優先で、子どもの気持ちを無視するような人間は、とうてい「いい親」とは呼べません。

ところが、そのような親に育てられた子が成長して自分が親になると、同じ態度で自分の子どもに接してしまいます。これがいわゆる「世代間連鎖」です。こうした負の循環はなぜ起こるのでしょうか。

背景にあるのは、親子関係や血のつながりを特別視し、その教えを無条件に尊ぶ考え方です。ここにはまらないためには、意識的に家族への思いや血縁に対する考え方を「軽く」する必要があります。

つまり、**親や家族の存在を「絶対的なもの」と重く受け止めず、「単なるシナリオ、あるいは、ひとつのゲームにすぎない」と考えるのです。**私は、親による「刷り込み」で苦しんでいる相談者に、ときどきこういう話をすることがあります。

人生はある意味、お芝居、演劇、ショーのようなものです。

みんなそれぞれが役者で、台本に沿ってその役を演じているだけなのです。ならば、悪人がひとりも出てこないストーリーはつまらないですよね、何の学びもありませんし。だから、あなたの親は、今回の人生においてあなたを「ある考えに染める」という、「プログラマー役」となって現れたのです。

親によっては「勉強して出世しろ」だったり、反対に「勉強なんかするな」だったり、「いい子でいるなら愛してやる」と言い続ける役かもしれません。いずれにせよ、彼らは用意された台本通りに演じ、セリフを言っているだけ。

つまり、これは「さあ、あなたはプログラムを解除できますか？」というタイトルのゲームなのです。ですから、彼らの「ある考え」は真実や正解とは限りません。

そして、エンディングは最初から決まっています。相手が親であれ、パートナーであれ、あなたが「NO」と叫んでそこから立ち去ればそこで幕は下りるのです。

いかがでしょう？　あなたはまだ、このゲームを続けたいですか？　それとももうそろそろこのお話に幕を下ろし、本当の自分に戻りますか?

「いい子」でなくていい

これまで、「いい娘(息子)でいなくては」と、がんばり続けている人に何度も会ってきました。でも、どの人も、判で押したように苦しそうな表情だったのが、印象的です。

ある男性は実の親を介護していました。親は昔からとても気が短い人で、罵倒され、脅され、振りまわされて育ちました。高齢になった今でも、激しい感情をぶつけてくるのは変わらないと言います。しかし、それでも彼は、親の世話をやめようとしません。

入院した親からあれこれ無理難題を突き付けられてもかいがいしく病院に通い、面倒を見続けます。その意味でこの男性は、まさに「いい子」と呼ぶべき人でした。

ある日、男性が買ってきた新しい寝間着を気に入らなかった親は、それを床にたたきつけて足でさんざん踏んだあと、ゴミ箱に投げ込んだそうです。

「親は、いくら私ががんばっても感謝してくれません。どうしたらいいですか」

男性はこう嘆きます。

みかねた私は、「施設に託すのもひとつ」「民間のサービスを利用しては」などと提案してみるのですが、何を言っても、彼は決して首を縦には振りません。

「（私が行かないと親が）人に迷惑をかけますから」

「（私が介護しないと）もっとひどいことになりますから」

相談室のソファで、男性は自分が「親の言いなり」にならざるを得ない理由をたくさん並べたてます。

幼い頃から暴君同然だった親。その面倒をひたすらみてきた彼は、〈親は自分がいないと生きていけない〉と本当に思い込んでいるようで、「役割から解放された自分」を想像することができません。彼から離れないのは親ですが、彼自身もまた、親から離れられないのです。

親は子に依存し、子はそんな親を支える自分に使命感と価値を見出《みいだ》す——まさに「共依存」の関係に陥っていたケースです。

ある女性は、「私は親の老後をみないといけない」と考えては、日々を暗い気持ちで過ごしていました。なぜそう思うのですか？　と聞くと、

「私は長女ですし、『お前は私が死ぬまで面倒をみないといけない』、と昔から親に言われてきたからです。でも、私は親の声を聞くだけでも怖くて……自信がないのです」

そう言ってうなだれます。

「親の老後の面倒をみない人などいくらでもいますけど」

私がそう言うと、「本当ですか!?」と驚いた顔をします。

今どき、ひとり暮らしの老人などめずらしくもありません。この女性の「思い込み」はそんな現実が目に入らないほど強かったのでしょう。

親は手放してしまっていい

子どもは、親の欲求や願望を満たす道具ではありませんし、そのために生まれてきたのではありません。

ヒロミさんの例にもありましたが、どこまでも献身的に親の欲求にこたえ続けることは、親を増長させるだけで、感謝も終わりもやってはこないのです。

〈もう面倒をみきれない〉

〈これ以上親の欲求に応じきれない〉

そう思ったときは、**自分から手を離すことです。親を社会に返しましょう。**

もちろん、年老いた親を目の当《ま》たり《あ》にして、本心から〈みてあげたい〉と思えるなら、それは素敵なことです。しかし、自分の心身の健康を犠牲にしてまでやることではありません。そんな姿を見せることは、自分の子どもたちにもいい影響はありません。

これまで親からさんざんな目に遭わされてきた子どもが、その恐怖心を抱えたまま同居、介護をする必要など、どこにもないのです。

親の面倒をみきれない人のためにあるのが、医療や福祉といった社会のさまざまなセーフティーネットです。大いに利用し、ぜひ、親を手放してください。

そして、あなたが手を離したあと、一体何が起きるかを観察してみましょう。

あなたに親をまかせきりにしていた、きょうだいや親戚などの身内が前に出てくるかもしれませんし、高齢で病弱な親なら病院あるいは福祉サービスが、暴力的な親なら警察と精神科が関わるでしょう。**ひとりで背負わなくても、「何とかなる」のです。**

もしかしたら親は「薄情者」「裏切り者」などと罵詈雑言《ばりぞうごん》を浴びせるかもしれませんし、

まわりからは「冷たい」と言われるかもしれません。でも、仕方ありません。「事情を知らない人には言わせておけばよい」この考え方が大切です。

いきすぎた我慢や自己犠牲はいずれ毒に転じて、やがてはあなたが親とそっくり同じになってしまいます。そのような連鎖は何としても防ぎたいものです。

人間関係は「取捨選択」が大切

少し前に「断捨離」という言葉が流行《はや》りました。「ワクワクしないもの」を思い切って捨てて、すっきりしようという整理術のことだったと思います。

ところが世の中には、〈ないとあとで困るのでは〉〈いつか使うときが来るかも〉と考えて何も捨てられないまま、結局ゴミのなかで生き続けるはめになる——そんな人がいます。同じことは、人間関係にも起こっています。

いつも他人の都合が優先、地域の行事にも必ず参加する、ＰＴＡに町内会、周囲の人々が、「ちょっとやりすぎでは？」と感じるほど気を配る——そんな人を見たことはないでしょうか。

ある女性は夫からの経済的な虐待について相談に来ました。

――夫とふたりで自営業で働いているが、自分には帳簿も見せてくれない。勝手に借金を重ねる一方、自分には満足に給料も払わないばかりか、かえってひどい言葉で罵倒してくる。でも、商売を中心になって支えているのは自分。問題が起きると頭を下げてまわるのも自分――

こう訴え、「もう耐えられない」と涙を流します。

実家に一時避難できないのかと尋ねると、「帰れない」と言います。親子関係に問題を抱えているようでした。そして、

「できれば離婚したい。夫と縁を切りたい」

と言うので、「では、こうしてはいかがですか」「まずは、このように」と、いくつか具体的な方法を提案するのですが、彼女はどれも聞き入れようとしません。

「それではこれまでお世話になったCさんに申し訳ない」

「せめてDさんには事情を話して納得してもらってからでないと」

と、周囲への配慮に心を砕き続け、何回相談を重ねても、一歩も前に進めないのです。

そうこうするうちに彼女の状況は悪化していき、ある日、布団《ふとん》から起き上がれなくなります。「うつ病」と診断され、夫に頼らなければ生活できない身となりました。

〈あのとき、なりふりかまわず家を出ていれば〉

そう悔やんでも、もう時間は巻き戻せません。

こうした過剰な「他人優先」「世間体重視」の思考にも、過去の成育環境が強く影響しています。古くからの資産家や宗教活動に熱心な家庭など、いわゆる「つき合い」の多い家でよくみられる考え方です。この女性の実家も、裕福な家だったと聞きました。

他人に気を遣うさまは正しく立派な振る舞いに見えます。この女性も、しつけが行き届いた、傍目《はため》には何の問題もない「いい家庭」で育てられたのでしょう。しかし、そのような家の内側に深刻な家族問題が山と積み重なっているケースはめずらしくないのです。

夫の経済的虐待に直面しても逃げ出せなかった原因。それは幼少期に刷り込まれた過剰な「他人優先」「家優先」の価値観にあるのではないか――私はそうとらえています。

自分の仕事は「自分を幸せにすること」

言うまでもありませんが、相談者を強制的に家から引き離す権限は、私にはありません。だから、どんな提案をしても受け入れてもらえないとき、私は、

「では、もうしばらく今の生活を続けてみては」

と現状維持を勧めます。そのうえで、無理な忍耐がいずれ破綻や爆発に至るのを待つのです。

当事者が〈もう無理〉〈何を言われても、どう思われても、もういい〉と、一切をかなぐり捨てて行動する気になるまで静観する――それが、私がとらざるを得ない立場と言えます。

ですが、**家族があまりに重いと感じるなら、何を捨てても今すぐ家を出るべき**というのが私の本音です。躊躇《ちゅうちょ》はときに、大きな代償をともなうからです。

同居の実父からさまざまな虐待と嫌がらせを受けていた女性がいました。

その父親は、女性の息子（父親から見れば孫）にまで、殴る・蹴るの虐待をくり返していると言います。

私が早く家を出るように勧めても、女性はなかなか決意しようとしません。

「よい就職先が見つかってから」

「子どもの学校に近い家が見つかるまでは」

と、準備が整っていないことを理由に、ずるずると家にとどまっていました。

ところが、その間に思春期を迎えた息子が、うつ病になってしまいました。回復を待たなければ、進学も就職もできません。こうして女性は、ますます家を出ることができなくなってしまいました。

人は先のことを考えすぎると動けなくなります。しかし長い人生、ときには〈あとは野となれ山となれ〉と、「自分の利益だけを考えて行動すべきとき」があるはずです。

そうして覚悟を決めてやったことを非難したり、邪魔する人とは距離をとるしかありません。**人間関係は自分が「取捨選択していい」のです。**

人生を仕事にたとえるなら、あなたという人間の担当者は「あなた」以外にいません。自分の担当をほったらかして他人にかまけているのは、「職務怠慢」以外の何ものでもなく、本来の務めを放棄しているのと同じです。

さあ、自分の仕事に戻りましょう。

「自分を幸せにする」という本来の業務に力を注いでください。

トピックス 1

親から逃げる最良の機会と方法

「傷つける親」から逃げ出すベストタイミングは、いつでしょうか。

もうおわかりの読者もいるかもしれませんが、私は「今」だと思っています。

しかし、年齢や経済的事情から親に頼らざるを得ない人もいるでしょう。そんな人が親から離れるタイミングや方法を間違ってしまうと、事態を悪化させてしまいかねません。どう考えるべきかを少し補足しておきます。

▼ライフイベントを利用する

なるべく波風を立てずに家を出たいなら、進学・就職・結婚などの人生の節目、いわゆるライフイベントが好機です。

私が以前、大学で教員をしていたとき、何人かの下宿住まいの学生から、

「ここへ入学してやっと親から離れることができた」

と、打ち明けられたことがあります。

子どもにとって進学・就職は、大手を振って実家を出ることができる人生最大のチャンスです。この大義名分があれば、周囲も面と向かって反対できない空気がある

からです。

また、結婚を理由に海外への移住を企図し、首尾よく成功した女性たちを何人か知っています。〈つらいことが多かった日本にいたくない〉という気持ちに正直になり、親と思い切って距離をとる方法として、海外移住は効果の高い選択だと思います。

現在（2021年4月）は新型コロナウイルス感染症の影響で、海外への移住・渡航は困難ですが、いつか状況が変わったときの選択肢のひとつにしてください。

▼生活費をどう捻出するか

以前、私の事業所で自立訓練を受けていたYさんは、無職の未成年で発達障害がありましたが、粘り強い努力で念願の家出を果たした女性です。

Yさんは就職による独立を目指し、実家から通所していましたが、両親の間に争いが絶えないことが悩みでした。

私は面談で、彼女とこの苦しい局面をどう乗り切るかについて話し合いました。考えあぐねた結果、彼女はこんな言葉をつぶやきました。

「親は独立までのスポンサー」

続けて、

「訓練もあと少し、この言葉を自分の頭に刻み込めばこの難局を乗り切れるかも。そのあとは仕事に就ける、そうすれば家を出られる、それまでは何があっても歯を食いしばる」

そんな強い決意と割り切りを伝えてくれました。その後、宣言通りに就職を果たし、現在は望み通りの暮らしを楽しんでいます。

本書に登場したヒロミさんは新聞配達で大学の学費と生活費を捻出しましたが、生活費を自分で稼ぐ自信がないなら、Yさんのように、期間限定で親を頼ると決めるのもひとつです。つらい選択なのは確かですが、目標を設定することで自分の希望をかき立て、少しでも多く貯金して自立に備えましょう。

▼そのほかに利用できるもの

なお、住まいや生活費を工面するさまざまな方法があることも、知っておいてほしいと思います。

シングルマザーなら母子生活支援施設はおすすめです。スタッフの見守りや、育児のサポートを受けることができ、生活費を低く抑えた暮らしが可能です。役所で相談してみましょう。

賃貸住宅によっては、身内の保証がなくても、賃貸保証会社を通して契約できる物件もあります。家賃を抑えるために当面は友達とルームシェア、というのも方法のひとつでしょう。

賛否が分かれるところですが、ひとり暮らしの資金を貯《た》めるための「一時しのぎ」

として、シェアハウスも有効かもしれません。最近は事情を抱えた人のためのシェアハウスもお目見えしています。

また、あまり取りあげられませんが、この社会には10代後半の未成年でも、自分で稼いで生きている人は少なくありません（たとえば、「16歳で家出して自由を得た子ども中卒、未成年、身分証なし、手持ち560円でも生きていけてます」というサイトは参考になります　http://akiragu.com/dokuoya-tokutyo/）。

心身に不調があり、働くこともままならないなら、役所の窓口で相談して福祉につながりましょう。生活保護を受けてひとりで暮らすという方法や、ひとり暮らしにまだ不安があるなら、グループホームという手もあります。一定の手続きを踏めば、ヘルパーや訪問看護師などのサポートを受けながら自立生活を目指すこともできます。

Case2
ミカさん

支援機関を転々とする人

足元をシンシンと冷気が襲う、冬の深夜。午前0時を少しまわった頃でした。

パソコンに向かって原稿を書いていると、見知らぬアドレスからメールが1通届きました。見ると、私が代表を務めるWANA関西のアドレス宛でした。

この時間にここに送られてくるメール――相談のメールだろうか？

気になってすぐに開くと、悲嘆に満ちた文面が目に飛び込んできます。

〈誰か助けて。私、怒り、暴れて、子どもにDVをくり返しています〉

母子生活支援施設で暮らす30代のシングルマザー、ミカさんからのSOSでした。

夫の暴力から逃れ、保護施設を経由して施設に入所したものの、子どもへの養育態度に問題があり、8歳と6歳の2人の子どもは児童相談所に一時保護された、とあります。

〈横のつながりがほしいです。友達もいないし、対等に話せる人が誰もいません。つらくてたまらないです〉

直感的に放っておけないと感じ、私はすぐに返事を書きました。

〈一度お会いしましょう〉

するといくらも間をおかずに、彼女から折り返しのメールが届きました。

〈こんな夜中にすみません。返事をもらえるとは思っていませんでした。本当にすみませ

ん〉

——すみません、すみません、と何度もくり返される謝罪。

ミカさんはこうしてまわりに謝ってばかりの人生を歩んできた人でした。

反論も自己主張もできない人

それからひと月もたたないうちに、ミカさんが相談に現れました。中肉中背、色白で端整な顔立ち、ショートカットに細い縁取りの眼鏡といったいで立ちの女性。やつれきった人を想像していましたが、意外にも品のよさを感じさせる風貌をしていました。

ミカさんの話し方には特徴がありました。

だらだらと抑揚がなく、まるでお経を読んでいるようです。

お子さんのものでしょうか、両ひざの間で握りしめたタオルハンカチからアニメのキャラクターがのぞいています。

「私、まわりの人が怖くて、攻撃か、服従のどちらかしかないんです。ただただ人の言いなりになっているかと思えば、自分の子どもをバシバシたたく。なのに、その場その場で相手に合わせて態度を変える。上の子から下の子を『蹴れ』って言われたら蹴る、そんな最低な人間なんです」

こちらの反応をうかがうことなく、うつむき加減で話し続けます。ミカさんはここで少しだけ視線を上げ、指先で眼鏡の位置を直しました。

「だけど、いくらまわりの言うことに従っても、ちっとも人生がよくならない、それどころかますます悪くなる。なんでなの、こんなにまじめにやってきたのに、って絶望して、やけくそになり、まわりを恨む。そのくり返し。誰か人を刺してやろうと本気で思っていた時期もありました。その結果、子どもたちを手放すことになって……」

〈人にわかってもらいたい〉〈何とかしなくては〉という気持ちが強く伝わってきます。しかし、コミュニケーションは一方通行でした。

思いが強すぎて混乱するのか、話に主語がなく、言葉が多いわりに要点が伝わらず、いつまでたってもまとまりません。辛抱強く待つか、途中で割り込まないと、同じ話を聞き続けることになります。

時おり、私が言葉をはさもうとすると、驚いたようにビクッと強い反応を見せ、自分の意見を即座に翻《ひるがえ》してこちらに合わせてきます。反論や自己主張は一度もありません。

この様子だけ見ても、ミカさんが心理面に相当な課題を抱えている人だとわかりました。

父の暴力で荒れはてた家

育った家庭について話し始めたとき、彼女が今のようになってしまった原因が明らかになりました。

ミカさんの父親は経営者でした。小さな会社でしたが多くの取引先に恵まれ、商売は順調。生活には余裕があったそうです。

しかし、ミカさんの家庭生活は平穏とはほど遠いものでした。

「父が包丁を投げる、それが当たって割れたガラスが母に降り注ぐ。父から逃げようと、私は奥の部屋まで走る、父が家を揺らして追いかけてくる。それが日常茶飯事。もう怖くて、怖くて――」

ミカさんは凄《すさ》まじい暴力に支配されて育ったのです。感情的な父親は、ことあるごとに大声で怒鳴り、物を破壊し、暴れ、家族は恐怖と緊張のなかで日々を過ごさざるを得ませんでした。

「それと私――食べ物の味がよくわからないんです」

細い声でミカさんはつぶやきます。

「夕食って、よく〝家族団欒《だんらん》がいちばん〟とか言いますよね。でも、私には夕食時がいちばんの恐怖でした。父がおかずに文句つけたり、私たち子どもの食べ方を見て、『気に入らん！』とわめいたり……。ストップウォッチで私たちの食べる時間を測ることもありました。父の決めた時間内に食事が終わらないと全員が体罰を受けるんです。爆発がいつ始まるかいつ始まるか、ってビクビクしてるから、味なんかわからない。噛《か》むだけ噛んだらすぐ飲み込んで、砂を口に入れてるみたいでした」

うつろな目、震える声、当時の恐怖がよみがえっているのでしょう。ミカさんはおどおどした口調でひとり話し続けます。

「〈早く食べ終わってこの部屋を出たい〉その思いで頭がいっぱいでした。だから、今でも味覚がおかしいです。味わう、ってどんなことかよくわからない。クリスマスなんて、楽しいどころか、嫌な思い出しかないです。父がテーブルをひっくり返す、ホールのケーキが空中を飛ぶ……」

彼女の脳裏には、その当時の光景がありありと浮かんでいるようです。

「私は、父からしょっちゅう、『勉強なんかするな』『お前なんか生まれんかったらよかった』と言われてきました。そんな父の子どもに生まれてきて申し訳ないとずっと思ってます。一瞬も安心を感じたことがなくて、家を出たくて結婚もしたけど、私自身もコミュニケーションが苦手で……」

しかも、ミカさんは父親から性的な暴力までふるわれていたと言います。

「性器を見ろと言われたり、私の入浴中に浴室に入ってきたり。それがしんどすぎて……。自分がたたかれていた記憶すら薄れるくらいしんどかったです。父を殺そうとまで考えてました」

あなたが頼り、あなたが私を助けてね

そんななか、母親はどうしていたのかと問うと、

「見て見ぬふりをしていました。母親は私を助けようとしないどころか、いつも私の背中に隠れるようにして自分の身を守っていたんです」

性暴力を受けたミカさんは、一度だけ母親にそのことを訴えました。でも母親は、

「あんたはかわいそうな子や。なんでこんな家に生まれてきたんか」

と言ったきりだったそうです。

ミカさんはタオルハンカチで何度も顔をぬぐいます。

「なのに、私は、そんな母を不憫《ふびん》に思っていて。大学に行ったのも母の強い願いがあったから。母はいつも弱々しく私にすがっては、『あなたが頼り、あなたが私を助けてね』と言うのです。『勉強していいところに就職して、私をこんな家から出してちょうだい』と」

自分がしっかり自立して、こんな家から母を救い出さないといけない――母の願いをかなえるために、ミカさんは必死で勉強し、法学部に入学しました。母を養うために、在学中に国家資格もとりました。

ところが、精神的にはどんどん不安定になっていきます。ミカさんはキャンパスライフをまったく楽しめない学生でした。

「その頃、流行《はや》っていた歌も、恋バナも、何も記憶にありません。勉強どころか、電車に乗るのも怖くて、下宿に引きこもっていました。それなのに私は、卒業したら立派な会社に入社することができたんです」

誰が聞いても知っている大手の旅行代理店でした。

「うちにはコネがあったからです。でも、ＯＬ生活も私にとっては地獄でしかなかった。緊張しすぎて電話応対ができない、上司の指示も一切頭に入らず、仕事が空まわりするばかり。そんな私をまわりは『へんなやつ』と冷たい目で見ていました」

さまざまな課題が表面化していたにもかかわらず、誰もミカさんの苦しみに気づくことはなかったのです。

夫のＤＶで崩れ去った結婚生活

そんなミカさんでしたが、実家と会社から逃げたいという思いもあり、結婚には積極的だったと言います。

「結婚は、自信ありました。毎日、結婚情報誌を読みあさって、〈結婚したら絶対にいい奥さんになって、私こそは幸せな家庭をつくるんだ〉って決めてたんです」

ところが、ミカさんを待っていたのは結婚相手からのＤＶでした。夫はミカさんの言動すべてを否定し、暴力をふるう人だったのです。

「役所に相談に行ったら、『DVは治らないよ』と言われて、それで終わりでした。どうしたらいいかは教えてもらえませんでした」

そんな状況のなかで、子どもがふたり生まれます。

「どう育てたらいいかまったくわからなくて、怒るか無視しかできなかった」

ミカさんは次第に子どもの存在が自分を苦しめている、と思い始めます。

「『あんたらのせいで私はしんどいんや』が私の子どもへの口癖になっていました。子どもが風邪ひいたら、『なんで風邪ひかす！』と夫に殴られましたから。子どもが私に笑いかけると、『笑わんといて』と子どもをにらみ返してたんです。まだ赤ちゃんなのに」

うまく子育てできないミカさんを、さらに夫の暴力が襲う毎日が続きます。

「その頃、私はかなりおかしくなっていました。幼稚園のカバンを子どもの顔に投げつけたり、マンションの12階の階段から下へ放り投げて、『早く行け、お前のせいで怒られるやろ！』とわめいたり。子どもを置き去りにしたまま実家に帰ったこともありました」

ミカさんの奇行は次第に近所にも知れ渡り、さらに精神的に追い詰められていきました。子どもの前で、たくさん食べてはバケツに吐き戻す過食嘔吐《おうと》すらしていました。

「結婚で人生をやり直せる自信があったのに、結婚生活がうまくいかないのは、みんな子どものせいだとしか考えられなくて。上の子が4歳くらいのときでしたか、子どもをさんざん蹴ったあと、包丁を持って、『一緒に死んで！』と迫ったことがありました。抵抗されると、『そうか、ママが死んだらいいんやな！』とわめいてベランダに飛び出したり。子どもが『ママ、やめて！』とすがりついてきて……もう限界でした」

子どもに「死のう」と声をかけた日

やがて子どもの心も荒《すさ》んでいきました。当時7歳と5歳になっていた子どもたちが噛みつき合って、お互いの腕に歯型がつく——まさに地獄絵図でした。

すがる思いで、ミカさんは児童相談所に足を運びます。

「子どもがすぐにキレます。ゲームができないと大暴れで、物を投げ、壊し、家のなかにオシッコをまき散らします。どうしたらいいでしょうか」

必死でそう尋ねるミカさんにかけられたのは、この言葉でした。

「——お母さん、子どもが暴れたら逃げてください」

ほかにもいろいろ話してくれたのかもしれませんが、ミカさんが覚えていたのはこの助言だけ。結局のところ、どうしたらいいかはわからずじまいでした。

「……3人で死のう」

思い余ったミカさんが子どもたちにかけたのはそんな言葉でした。

「本気でした。3人で死んだら、気の毒な親子もいたもんだって、世間が振り向いてくれるかな、と」

そんなときでも夫はミカさんを責め、暴力をふるいました。

「離婚は、思いつくことすらできませんでした。実家には父親が怖くて帰れないし。そもそもシングルマザーになっても、私のような無能な女が働けるところはどこにもないと思っていたし、『子どもを東大に行かせないと、世間から認めてもらえない』と思い込んでいたんです。父からいつもそう言われていましたから」

向精神薬で育児放棄状態に

その後、ミカさんは役所のＤＶ相談窓口で、「家を出ないと子どもも危険」と言われ、子どもたちを連れて公共のＤＶシェルター（一時保護施設）へ身を寄せることにしました。

シェルターで勧められて精神科への通院も始めます。

先に入所していた女性からは、

「しんどかったら薬やで。薬、飲みや。みんな忘れて楽になれるで」

そう教えられ、苦しさから逃れようと精神科の薬に頼るようになりました。

「もう、自分の頭で何かを考えられる精神状態ではなかったです」

うつ病の薬を常用し始めたミカさんは、ほとんど育児放棄のような状態になりました。子どもは、部屋でずっとゲームをしていました。深夜になっても寝ようとしない子どもがうとましく、「うるさい」「刺すぞ」「死ね」と汚い言葉で罵るようになりました。

しばらくして、子どもたちとともに母子ホーム（母子生活支援施設。原則18歳未満の子どもとその母親のための生活支援施設）に移り住むことになりました。しかし、そこでも何も変わらないまま、ただ時間だけが過ぎていきました。

「どうしたらちゃんと子どもたちと暮らせるのか、相変わらずわかりませんでした。その母子ホームの職員との関係もしんどかったし、子どもにもどう接したらいいか、どうしたら子どもが安らげる家庭にできるのかわからず、イライラしていて、子どもにいつも当たり散らしていたんです。児相（児童相談所）に相談しても、『お母さん、薬を飲んで落ち着きなさい』としか言ってくれないし」

言われるままに向精神薬を酒で流し込み、飲みすぎて吐いて寝るだけの生活が続きました。

「児相で何度も心理カウンセリングを受けました。でも、カウンセラーは、『はいはい』と話を聞くだけ。何のアドバイスも得られないから『やっぱり自分が悪いんだ』、と不安が募る、誰も私の苦しみをわかろうとはしてくれない、彼らからは『子どもも育てられない愚かな母親』というさげすみだけを感じていました」

追い詰められてようやく変わった意識

ミカさんの荒れた生活を、児相は把握していたのでしょう。子ども2人をミカさんから離し、施設か里親に引き渡す手続きが水面下で進んでいました。

「まわりから『苦しかったら薬を飲んだらいい』『お酒を飲んだらいい』と言われるがまま、その通りにしていたので、連日二日酔いみたいな状態で……。頭がボーッとしたまま母子ホームのなかをフラフラ歩いていたら、通報されて、子どもらが児相に連れていかれました。あとで児相から送られてきた書類を見たら、『母の同意で一時保護』と書かれていました。でも、同意はしていないです」

子どもたちに対する児相の見立ては次のようなものでした。

――ふたりとも長年の育児放棄と暴言・暴力で人間不信になっている。物事の善悪がわかっていない。きょうだい間にも問題がある。とくに上の子は今まで怒鳴る両親しか見ておらず、虐待も受けており、怒りのコントロールができず、常にイライラして、家でゲームばかりの生活になっている。このままだと引きこもりになるか、暴力をふるい始めるだろう。よって、しかるべき施設で育て直しをする必要がある――

入所していた母子ホーム側も児相の考えに賛成でした。

「母子ホームの職員に相談をしても、『ゲーム依存は治さないといけないから、子どもは施設に預けなさい。施設ではディズニーランドにも連れていってくれるし、七五三もちゃんとやってくれる、非常に手厚く面倒をみてくれるところだから』、そんなふうにくり返し説得するだけ。私の考えはひとつも聞いてもらえませんでした」

ミカさんは孤立無援、窮地に立たされます。

あれほど「子どもなどいなければ」と思いつめていたミカさんでしたが、いざ我が子を失うかもしれないという事態に直面すると、その不安と恐怖にいても立ってもいられなくなりました。

「もう一度、チャンスをください」

ミカさんは児相にかけあい、必死でそう食い下がったのです。

自分が本気で行動しないとだめなんだ

当時の気持ちを思い出すのか、ミカさんの声が徐々に上ずります。

「いくらお願いしても担当者は、『施設では専門家がていねいに教えてくれる、心理士もいるから子どものことは専門家にまかせなさい』、そんな説得が1時間半。

そのあとは『里親に預ければ優しい大人に育ててもらえる』『子どもたちには、早くママのところへ帰りたいならがんばりなさいと教えたらよい』、そのくり返しでした。

でも、下の子はまだ小1なんですよ。ふたりとも、赤ちゃん時代からずっと我慢、我慢ばかりだから、もうがんばる余力なんてない。これ以上、忍耐させるのはつらいんです。だから絶対に首を縦に振りませんでした」

子育てはうまくできなかったミカさんですが、心のなかでは子どもを思い、子どもの気持ちを誰よりも考えていたのです。

〈これまでずっと人の言いなりで生きてきた。でも、ここでこの子たちを手放したら、一生後悔する〉

突き動かされるようにして、法律相談所に向かいました。

そこで弁護士からこうアドバイスされたそうです。

「あなたが力をつけるしかないです。横のつながりを持ちなさい。当事者のグループに連絡をしてみてはどうですか？」

その言葉に、ミカさんは目が覚める思いがしたと言います。

「泣いていても仕方ない、自分が本気で行動しないとだめなんだ、と。そのとき、たまたま新聞でWANA関西のことが紹介されていて。当事者が代表となって立ち上げた団体と書いてあったので、連絡してみようと考えました」

そして私に届いたのが、冒頭のメールだったのです。

「こんな、どこの誰ともわからん人間からのメールなんか、絶対無視されると思っていました。しかもメールしたのは夜中の12時過ぎ。なのに、すぐに返信があって、もう、ビックリでした」

ミカさんはこのメールを送信した当時の気持ちを思い出し、瞳をうるませます。

「これでわかりました。自分で考えて自分で判断して行動しないと、何も始まらないと。自分が本気で動いたら、何かを発信したら、状況は変わるんだってやっと気づけたんです。これからは親子3人で、命がけでがんばる。そしたらきっとやり直せる、そんな気がしています」

第2章

支援機関の選び方・使い方

他人に頼ることは悪くない

「育ちの傷」がある人は、他人に頼ったり、人に手間をかけることに強い苦手意識や罪悪感を抱いていることがあります。

幼少期に親があまり関わってくれなかったり、「自分で何とかしろ」といつも突き放されていたり、過去に人に頼ろうとしてうまくいかなかった経験があるためでしょう、

〈自分の力で何とかしないと〉

〈解決するなんてどうせ無理だ〉

と思い込んだり、決めつけたりして動けなくなっているのです。

ですが、そんな先入観だけで行動をやめてしまってはいけません。誰かに相談したり思い切って頼ることで、問題解決の糸口がつかめることが多いからです。

しかし、いろいろな人に相談しすぎて混乱を招く場合があるのもまた事実です。たとえばCase2で登場したミカさんは、施設で知り合った人の助言で薬と酒に頼り、かえって自分を悪い状況に追い込んでいました。

誰に、どう頼るべきか——本章ではその心得について説明したいと思います。

「支援機関は頼りにならない」という誤解

まず押さえておいてほしいのは、「支援には限界も制約もある」ということです。この前提を踏まえておかないと、かえって問題がこじれてしまいかねません。

先に紹介したミカさんは、相談に行った先で「ことごとく裏切られた」と語っていました。彼女が相談に赴いたのは多くが公的機関でしたが、いくつか例を挙げると、次のようなことが起こっていました。

・役所で

「役所に相談に行ったら、『DVは治らないよ』と言われて、それで終わりでした。どうしたらいいかは教えてもらえませんでした」

・児童相談所で

「児相に相談しても、『お母さん、薬を飲んで落ち着きなさい』としか言ってくれないし」

「カウンセラーは、『はいはい』と話を聞くだけ。何のアドバイスも得られない」
「あとで児相から送られてきた書類を見たら、『母の同意で一時保護』と書かれていました。でも、同意はしていないです」

こうしたうまくいかなかった体験だけを取りあげて、「公的機関はだめだ」「頼りにならない」と即断してはいけません。支援者と相談者の間に「すれ違い」が起こっているだけだった、というケースも多々あるからです。

すれ違いは、支援機関が抱えている限界が原因で生じます。たとえば昨今、「子どもを虐待から救えなかった」と批判されることが多い「児相」、すなわち児童相談所を例に挙げてみます。

子育てが難しい母親は「育ちの傷」を抱えていることが多く、私は心理的支援のために児童相談所を定期的に訪問しており、児相の内情はある程度把握しているつもりです。

児童相談所は、児童福祉法にもとづいて各都道府県に設置された公的機関で、親子の相談を受けたり、併設されている「一時保護所」で、一定期間子どもを保護する機能を備えています。

児相には支援機関としてさまざまな強みがありますが、そのひとつが、「誰でも無料で相談できる」という点です。

たとえば「児童相談所虐待対応ダイヤル189」という全国共通の電話番号（ホットライン）があります。この3桁の番号にかけると近くの児相につないでもらうことができ、誰でも無料・匿名で通告や相談ができる仕組みになっています。

私が面談する母親たちは、自らここに電話をして悩みを打ち明けたり、ときには第三者から通告されるなどして「ホットラインで児相につながった」人たちです。

また、児相はほかの機関とも連携しています。そのためミカさんは、母子生活支援施設に移り住むことができました。このような関連機関とのネットワークは公的機関ならではですから、児相は社会資源として大きな価値があると言えます。

ですがその反面、児相はさまざまな制約を抱えてもいます。

たとえば、「使い勝手がいい」とは言えません。時間によっては先ほど紹介したホットラインが使えない地域もあります。年中無休で活動していれば避けられたのに、と思われる事件も起きています。

ていねいな個別対応が難しいのも児相の弱みです。公的機関には、日々たくさんの人が相談に押し寄せます。とくに大都市の児相や生活保護の相談・申請窓口は、担当者ひとりが何百件というケースを抱えて疲弊している現状があります。

また、相談員の対応には、経験年数や相談者との相性によってかなり差が出ます。対人援助の仕事が性に合っており、素晴らしい支援技術とボランタリー精神で活躍する職員も確かにいますが、そうでない職員もいます。

このように、強みと同時に弱みや制約が立ちはだかって、相談・支援がうまくいかないケースが出てきます。

メディアは弱みに着目するので、そこを批判することが多いのですが、一時保護によって深刻な虐待から子どもを救えた事例や、さまざまな支援を受けて親が落ち着いた事例もたくさんあります。

実際、現場で「将来は一時保護所の職員になりたい」と言う若者に出会うことがあり、理由を聞いてみると、「一時保護所で職員の先生によくしてもらったから」と答えます。「育ちの傷」を抱えた母子に、熱意と愛情を持って接している職員は決して少なくありません。そのような側面がほとんど報道されず、失敗したケースに注目が集まるのは残念なことです。

問題は「相談する側」にもある

支援機関の事情はこれくらいにして、相談・支援がうまくいかない原因が「相談する側」にある場合についても書いておきたいと思います。

「人の話をしっかり聞けない」「要点のはっきりしない、とりとめのない話に終始しがち」といった相談者もいれば、被害感情が強く、支援者のちょっとした言葉尻をとらえてすぐ怒り出す相談者もいます。また、自分にとって都合のいいことは聞けるけれど、不利なことは冷静に聞けない「選択的決めつけ」という状態に陥っている人もいます。

いずれも、「育ちの傷」を抱えた人にありがちな態度です。

相談の場で求められるのは、「対等で平和的なコミュニケーション」なのですが、「育ちの傷」がある人は、自分の家庭でそのような対話を経験したことがありません。成育過程のなかで経験した対話のロールモデル（お手本）になっているのは、親から受けた一方的・抑圧的な話し方だけ。ですから、自身もそうした態度でしか相談員に接することができないのです。

また、子どもの頃に親から過剰に厳しくされ、叱責されることが多かった人は、相談相手にも正確性を求めてハードルを上げてしまいがちです。相手のちょっとした不手際が許せず、「ちゃんとしろ!」と窓口で押し問答をくり広げてしまうのです。

一方、「親が子どもより先に口出しをする」「すぐだめ出しをする」といった環境で育った人は、安心して話すことができません。〈何を言われるかわからない〉〈もしかしたら責められるかもしれない〉といった不安が先に立つからです。

ミカさんはまさに、後者のタイプでした。普通の会話を家庭で体験したことがない彼女にとって、他者との対話は「恐怖」以外の何ものでもありません。だから安易に意見を変えたり、言われるがまま流されたり、といった優柔不断な反応になっていたのです。

支援の現場では、多くの場合、相談者と担当の相談員は初対面です。

よほどのベテランは別として、一方的に話をしたり、激昂《げきこう》する相談者を前にすれば、担当者は戸惑うことでしょう。〈手に負えない〉と思われ、その場限りの助言や謝罪で終わり、ということも残念ながらあり得ます。逆に、相談者が意見を翻《ひるがえ》して納得した様子を見せれば、担当の相談員は〈一件落着〉と勘違いしてしまうかもしれません。

現場ではこのような「相談者と支援者のすれ違い」が往々にして起こります。「対応が悪い」「相談にのってくれない」という不満の声が出る背景には、こうしたコミュニケーション・ギャップが大きいと思うのです。

「自分はうまく話せない」と先に言う

このように、一口に「相談」といっても必ずうまくいくとは限りません。何度も足を運んで話し合いを重ね、やっと道が拓《ひら》けた人もいます。それでも相談が解決への近道であることに変わりはありません。児相などの公的機関を避けて民間の支援団体を頼っても、それぞれにメリット・デメリットがあるものです。

公的機関であれ、民間の支援機関であれ、優秀な支援者は、相手の話し方や仕草からたくさんの情報を得て対応を探っています。相談者の反応が、成育歴の問題や心理状態を反映していると知っているからです。

だから**「うまく話せない」ことを恥じたり、気に病む必要はありません。**〈うまく話せる環境じゃなかったから、下手でも仕方ない〉と考え、相談先で前もって次のように伝えてみることをおすすめします。

「私は上手に話せませんが、今日は困ったことがあるので相談に来ました」

それで担当者が嫌な顔をしたり、えらそうな対応をするようであれば、よほどその担当者との相性が悪いか、そもそも担当者の資質に問題があるのだと考えましょう。お礼を言っていったん出直すか、「ほかの人に替わってほしい」と申し出て構いません。そのうち感じのよい対応をしてくれる人と出会えるでしょう。

公的な支援機関のあらまし

相談先は膨大にあります。初めての人はどこに行けばいいのかわからず混乱すると思いますが、初動段階である程度の知識や情報を得ておくことで、より効率よく自分に合った支援を見つけられる可能性は高くなります。

以降で「公的」と「民間」にわけて、さらに相談者のニーズも考慮しつつ、代表的な支援機関について概観します。何をどこから相談すべきかなかなか課題を絞り込めない、という人はまず、次に挙げる公的機関を利用するといいと思います（電話番号は巻末の資料を参考にインターネットで調べるか、番号案内サービス「１０４」で確認してください）。

▼精神的な問題を抱えている

社会生活がままならない、精神疾患があるのかもしれない、といった悩みがある場合は、各地の「精神保健福祉センター」を訪ねてみましょう（「まず病院」ではありません。その理由は第3章と第4章をお読みください）。

たとえば東京都の場合、「東京都立精神保健福祉センター」などが、大阪府なら、「大阪府こころの健康総合センター」などがあります。先に電話をして、必要な情報を提供すれば、面談を案内されたり、適切な機関につないでもらえます。

後述するアルコールや薬物などの依存症についても、適切な支援先を紹介してもらえるはずです。

▼生き方について相談したい

精神的な悩みというより、親子関係の相談や、夫婦の不和などの家族の問題、仕事や生き方などで助言がほしい場合は、各地の「男女共同参画センター」に相談窓口があります。研修を受けた、経験豊富なカウンセラーや相談員が対応してくれることが多く、各種の悩みに関連した講座や教室の受講も可能です。男性専用の悩み相談窓口を設けているところもあります（地域により呼称が異なる場合があるので注意してください）。

▼家庭内の暴力やハラスメントを何とかしたい

家族やパートナーによる暴力の悩みは、各都道府県の「配偶者暴力相談支援センター」に相談することをおすすめします。ジェンダーについての知識も備えた相談員と話せるはずです。

2020年には「DV相談＋《プラス》」というウェブサイトが設けられ、電話のほかSNSやメール、チャットでの相談も可能になりました（巻末の資料を参照）。

家族や友人にDVについて相談しても、かえってトラブルにつながることがあります。専門的な知識や避難所などの社会資源、警察など関係機関との連携が必要です。

▼子育ての悩みを聞いてほしい

子どものことで悩んでいる場合は「児童相談所」に相談します。「子ども相談センター」や「子ども家庭センター」「子ども相談所」など、地域ごとにさまざまな名称で呼ばれています。緊急時のSOSはもちろん、子育ての悩みを中心に必要な相談や検査、サポート体制があります。

▼法律的な問題を相談したい

金銭面で不安のある方は、「法テラス」で弁護士・司法書士の無料相談を受けましょう。法テラスは各地にあり、「日本司法支援センター」のウェブサイトから所在地を調べることができます（サポートダイヤルや、メールでの問い合わせ窓口もあります）。利用条件を満たしていれば、法テラスと契約している弁護士や司法書士が1回30分程度、ひとつの問題につき3回まで相談にのってくれます。

実際に援助が開始され、費用がかかった場合も、収入等が一定以下などいくつかの条件を満たせば、弁護士や司法書士への支払いを立て替えてくれます。これらは分割払いで返済できます。

相談までに時間がかかる場合もありますが、まずはこうした公的機関を活用し、「自分は今どういう状態で、何が必要か」を整理するといいでしょう。

問題が絞り込めれば、その解決法や、解決に向けた次の手なども見えてくるものです。次に紹介する民間の支援機関をあたるのは、そのあとでも遅くはありません。

民間の支援機関には何があるか

一部例外もありますが、民間は基本的に有料です。専門的な支援を提供しているところが多いため、自分の問題がはっきり自覚できていて、目的がある程度絞れている場合におすすめです。

▼つらいので話を聞いてほしい

無料相談の老舗《しにせ》としては「いのちの電話」が挙げられます。熱心で良心的なボランティアと話すことができるでしょう。

通話料は自己負担ですが、各地に事務所があるので、「日本いのちの電話連盟」のウェブサイトから近隣の番号を調べてかけるといいと思います。

なお、名称は「電話」ですが、近年はインターネットによるオンライン相談も行っています。

▼医療的なサポートを受けたい

医療機関が該当します。具体的には、大規模病院のなかの精神科、独立した精神科クリニック、心療内科などになるでしょう。近頃は多様化や専門性が進んでいて、女性専門の精神科などもあります。

精神科とは、基本的に検査および診断に必要な会話をして、処方箋をもらうところと考えましょう。医師に心の癒やしや優しさを求める人もいるようですが、よく話を聞いてくれる医師は少数にとどまります。

また、病院は一度かかると長いおつき合いになる場合が多いので、「どこでもいい」と考えてはいけません。地理的な通いやすさを考慮することも大事です。

障害者手帳を持っている人や、継続的な精神科治療が必要な人は、「自立支援医療制度」を利用できる可能性があります。これは、対象者の医療費の自己負担額を軽減する制度ですが、転院には煩雑な手続きが必要になるため、なおさら受診前に通いやすさを検討する必要があります。

なお、医療についてはほかにもいろいろ知っておくべきことが多いので、第3章でさらに詳しく説明します。そちらも参考にしてください。

▼心理療法（セラピー）を受けたい

特定の訓練を受けた専門家によって提供されるのが「心理療法（セラピー）」です。ここには心理カウンセリングや、トラウマの治療も含まれます。

「育ちの傷」もトラウマのひとつですが、ようやく昨今、トラウマのケアや治療に注目が集まるようになってきました。医療機関、民間機関などでさまざまな治療法が打ち出されてきているのは喜ばしいことです。

（なお、「カウンセリング」という言葉はかなり一般化し、美容室などでも事前の相談を「カウンセリング」と呼ぶことがあります。本書では学位や心理士［師］の資格を持つ専門家が提供するものだけを指す言葉として「心理カウンセリング」を使います）

心理療法は、精神科などの病院内で行われている場合もあれば、公認心理師や臨床心理士などの有資格者が独立開業してサービス提供している場合もあります。すべての病院で心理療法を行っているわけではないので、病院で受けたいという場合はそこで提供されているかどうかを事前に確認するようにしましょう。

その後の手続きとしては、事前に電話やインターネットで予約をとってから心理療法を受ける、という流れが一般的です。

心理系の学科やコースがある大学院では、資格取得を目指す大学院生が低料金で心理療法を行っている場合もありますが、高いレベルは望めません。

また、こうした心理系の相談・治療の分野では、公的な資格や実績もないのに高額な料金を請求する業者がいますので、事前の料金確認や資格の有無のチェックは必須です。

心理療法を受ける際の心得

心理療法については、前節の後半に書いた以外にも4つ、心得ておいてほしいことがあります。

1▼アドバイスを得る場ではない

過去に心理カウンセリングを受けたという人から、「参考になることを何も言ってもらえなかった」と聞くことがあります。しかし、それはある意味で当然と言えます。心理カウンセリングという手法は心理療法のひとつであって、「相談」ではないからです。

伝統的な心理カウンセリングでは、クライアント（患者）の話を「傾聴（話を聞く）すること」に徹するのが基本とされています。そうすることで、クライアント自身が最適な解決策を見出《みいだ》すのをサポートするのが目的だからです。

具体的な解決策が必要な内容であれば、弁護士や医師、支援機関の相談員など、その道の専門家を訪ねて「相談」するほうがよいケースもあります。

2▼経済的な負担になることもある

心理療法は、基本的には自費で受けるサービスです。ケースや手法によっては開始してから終了まで数ヵ月から数年など、長い時間がかかる場合があります。また、相性の問題もあり、自分に合ったセラピストに出会うまで試行錯誤することがあります。

よけいな負担を減らすためには、事前にできるだけ情報を集めるため、不明な点は電話なり、ウェブサイトの問い合わせフォームなりを利用して確認しましょう。

3▼セラピストとクライアントは対等

「○○に通い始めてもう1年半になるのですが、一体私は何を受けているのでしょうか。少しも楽にならないどころか、つらくなる一方なんです」

と、私の研究所にセカンドオピニオンを受けに来たクライアントがいました。セラピストの説明が不足していたのかもしれませんが、残念なことです。

人は専門家を前にするとすべてを委ねがちになりますが、「まかせっぱなし」はいけません。心理療法では、セラピストとクライアント双方の信頼関係がとても重要です。権威や上下関係を感じさせない「協働関係」を築ける相手と出会うことが理想だと思います。

そのうえで、自分はどんな状態で、何を目的とした治療で、どれくらいの期間をめどに行われるのかを、セラピストにしっかり確認しましょう。よく説明してもらえない、わからない、と感じるなら、そのように伝えて納得できるまで話し合うことが大事です。

また、セラピストが「この方法が必要だ」と考えても、本人が受けたくないと思うものは「合っていない」と判断して差《さ》し支《つか》えないでしょう。

遠慮は不要です。クライアントの質問を嫌がるセラピストはプロとは言えません。それでも十分な説明がなかったり、威圧的な雰囲気を感じるようならその時点でアウトです。

よい心理療法が受けられる環境とは言えません。

4▼受ける前に「準備」をしよう

心理カウンセリングの時間を実り多いものにしたければ、クライアントの側にも準備が必要です。場所の確認はもちろん、時間的な余裕を持って家を出るようにしましょう。

また、どんな心理療法を受けるかによりますが、インテーク面談（初回の面接）に出向く前に一度、自分の悩みを整理して、少しでも伝えやすくしておくと安心できます。可能なら、確かめておきたいことや質問を箇条書きにして持参しましょう。なるべく事前に準備をすることで、焦《あせ》りや後悔などの不快な経験を減らせます。

支援機関の「良《よ》し悪《あ》し」の見分け方

ここまで述べてきた以外に、家族支援・子ども支援を活動内容に謳《うた》うＮＰＯ法人や任意団体も、民間の支援機関のなかに入るでしょう。

優れた活動を展開している団体もありますが、全体としては玉石混交といってよく、なかにはNPOを名乗りながらも詐欺まがいの手法で相談者を搾取《さくしゅ》するところがあるので注意が必要です。

また、一概に否定するつもりはありませんが、いわゆるスピリチュアル系や、宗教色の強い〝サポート〟を提供するグループ、団体もあります。

これはどんな種類の団体についても言えることですが、とくに対人援助の分野において、過剰な広告、怪しげな宣伝文句、有名人や芸能人との関係を強調している場合は要注意です。誠実な仕事ぶりを続けていれば、それほど広告費を使わなくても経営は可能だからです。

なかには高額な料金を請求されるケースもあります。あちこち情報収集しているうちに、占いやマルチ商法まがいのビジネスにはまってしまい、「400万円も使ってしまった」という方が先日、相談にみえました。

インターネットで検索する、関連書を読む、講演やセミナーに参加するなど、情報収集の手段はいろいろあります。反面、洪水のように膨大な情報が流れ込みますから、何が信用できる情報か、見分けがつかなくなることもあるでしょう。ここで私なりに、「良し悪し」を見分けるためのポイントを挙げておきます（次ページ参照）。

5	**これまで何年運営している事業か** 開業して間もない場合、 できれば前職もチェックしたい。 ほとんど関連性のない業種が開業している場合は要注意
6	**適切な料金が明示されているか** 高すぎるのも安すぎるのも不適切。 あらかじめいくつかの機関を比較して、 平均的な料金を見極めたほうがよい
7	**きちんと連絡がとれるかどうか** 返事が来るまで3日以上待つなど、 連絡がうまくとれないところは避ける。 一時的な事業として展開している場合、 短期間で連絡がとれなくなることもある
8	**予約時の対応や実際に訪ねたときの印象** 極端に豪華だったり、 逆に貧相だったりする場合は要注意。 不信感がぬぐえなければ、 受診直前であってもやめておくこと

▶ 支援機関を探すとき見るべきポイント ◀

1	**代表者は誰か。どんな経歴と背景を持つ人が主宰しているか** どこで学んだのか、 関連の機関で仕事をした経験がどれくらいあるか、 母体となる組織や団体はあるか、 などは意識してチェックする
2	**一定の学識や技術を期待できそうか** 簡単に取得できる民間資格や、 カルチャーセンターなどの速成講座で学んだだけで 「心理カウンセラー」と名乗る人がいるので要注意
3	**科学的な根拠がある手法を用いているか** 根拠とする研究や科学的根拠を提示しているか。 学会に属さず、独自の手法と見解を 「科学的」と称している場合は 慎重になるほうがよい
4	**過去に問題を起こしていないか** 代表者の過去の経歴や、 その機関がクライアントなどから クレームを受けたり、訴訟を起こされていないかを インターネットで調べてみること

苦しいとき、何かにすがりつきたくなるのが人間ですが、値段が高ければ効果があるとは限りません。本来、人を支援する仕事はそれほど楽ではないはずです。大儲《おおもう》けは期待できませんし、何らかの使命感もなければ続けられない仕事だと私は思っています。

良心的な料金で長く運営を続けているところと出会うためには、それなりの手間暇がかかるものと考えましょう。

身近な人に頼るのはリスクが大きい

最後に、何でもかんでも「友人に相談」という人がいますが、身近な人への相談はそれなりにリスクがあることを知っておいてください。

親身になってもらえる場合もありますが、客観性のないいいかげんな助言をされたり、思いがけず批判されたり、プライバシーに踏み込まれすぎたりして、相談した人がかえって傷つく場合もあります。

近所のママ友に大事なことを相談したところ、思わぬ反応をされて後悔したという話をよく聞きます。人によりますが、同じ年齢くらいの友人なら、その年齢に見合うだけの知識と経験、責任感しか持ち合わせていないのが普通です。
Ｃａｓｅ2で、ミカさんが施設で知り合った人から、「苦しかったら薬を飲んだらいい」「お酒を飲んだらいい」と助言された場面がありましたが、これなどは安易なアドバイスの典型と言えるでしょう。その通りにした結果、ミカさんの生活はむしろ荒廃してしまいました。

家族・身内についても、相談するにあたっては同様の注意が必要です。よい意味で常識的な身内や、味方になってまわりを説得してくれるような人ならいいのですが、「相談になんか行くな」と引き止められたり、問題を抱えたことを責められたり、親戚などに話を広められたりして、かえってこじれるケースもあります。

悩みが大きくなっては元も子もありません。近しい間柄であればなおさら「誰に話すか」（人選）や、「誰から話すか」（順番）については慎重になるべきです。

第3章

精神医療とうまくつき合う

「医療に頼りきり」は絶対だめ

私は仕事柄、「育ちの傷」を抱える人と日常的に面談します。面談前に記入していただく調査票に目を通していると、来所者の多くが精神科に通院し、そこで処方された薬を日常的に服用していることがわかります。

先日、ひとりの女性が、家族に抱えられるようにして相談にやってきました。

「精神科で10年以上お世話になっているがよくならない。悪くなる一方です」

と言う彼女は、まだ40歳になったばかり。しかし、そんな年齢とは思えないほどやつれ、顔は土気色でした。

「頭も体もしんどくて、ずっと布団《ふとん》から起きられません」

力なくそう訴える彼女の調査票には、「社交不安障害と診断され服薬中」と書いてありました。そこで処方箋を見せてもらうと、A４用紙数枚に向精神薬の名前がズラリと印刷されています。種類も量も明らかに多く、まさに「多剤大量処方」でした。

ここまで極端なケースに出合うことは、そうありません。しかし、心に傷を負った人、生きづらさを抱えた人が、精神科とそこで処方される薬（向精神薬）を心の支えにしているのはよくあることです。

一般に医療や薬に対する信頼は厚く、「なんでも医師にまかせて、薬を飲むのが一番」という考えの人もいるようですが、それは福祉や教育の世界でも変わらないようです。

先日は、あるソーシャルワーカーが、こう話すのを聞きました。

「何か問題があれば、とにかく『医者へ行け』『薬を飲め』『入院せよ』と言うのがいちばんですよ」

私は医療や薬を全否定するつもりはありません。しかし、漫然と頼りきっていると、先の女性のように薬漬けで「悪くなる一方」になる弊害もあるのです。

支援者も、医師の診断や薬の副作用に疑問を持ち、止めに入ったり助けてくれるとは限らない現実があります。

自分の身は自分で守る、精神科にしろ、薬にしろ、リスクを理解して主体的につき合ってほしい――そう考えてこのような章を設けました。

まずは精神科を選ぶところから始めましょう。

精神科の選び方

そもそも病院は、規模によってかかりやすさに違いがあることを知りましょう。

大学病院や総合病院など、内科や外科なども備えた複合的な病院の多くに精神科が併設されています。診察までに時間がかかることがあり、3～4時間待ちもめずらしくありません。なかには初診を受け付けないところもありますので、必ず事前に電話で確認してから行くことをおすすめします。

小さなクリニックの場合、人気の医院は別として、比較的待ち時間は短く、利用しやすいと言えます。入院設備はないのが普通で、入院の必要がある場合はそれに応じて他院を紹介される形になります。

精神科はたいへんな勢いで増えており、都市ではかなりの数にのぼります。とくに初めて精神科にかかろうとしている人などは、どこへ行けばいいかと迷うことでしょう。

通院している相談者に、なぜその病院を選んだか尋ねると、「友達（知人）が通っていたから」「帰り道にあったから」と答える人は少なくありません。そのような安心感や通いやすさも確かに大切ですが、それだけで決めてしまうのではなく、病院の理念や治療方針にも目を向けましょう。箇条書きにすると、

- **患者のQOL（生活の質）を最優先に考えている**
- **薬物療法だけでなく心理療法を併用できる**
- **トラウマや福祉についても理解している**

これらについてきちんと表明し、実際の活動で示している病院が理想的だと、私は考えています。

こうした条件がそろっているかどうかを見抜くのは簡単ではありませんが、せめて受診前に電話して、心理療法を受けられるかどうか確認するくらいはやっておくべきだと思います。

医師の選び方

病院という「器」だけでなく、精神科医にもしっかり目を向けましょう。

著書がある医師なら、内容をチェックしておくことをおすすめします。どんな動機や考

えのもと治療に臨んでいるか、心理療法にどれほど理解があるか、などがざっくりとでもつかめます。

また、医師といっても人間ですから、性格は人によってずいぶん違います。本音をズバリと言ってくれるサバサバ系から、「うん、うん」と優しく話を聞いてくれるマイルド系までいろいろです。

相性が合わない医師に無理にかかる必要はないのですが、思うにまかせて次々と医師を替えていては、いわゆる「ドクターショッピング」状態に陥ってしまいます。これもまた建設的とは言えません。

少々辛口でも、思うことを正直に本音で話してくれる先生は希少です。医師から受け入れ難《がた》い助言をされたからといってすぐに別の病院をさがすのではなく、「なぜですか」と理由をきちんと聞き、医師と対話を重ねる習慣も身につけましょう。

「この先生は怖いから、何も質問できない」と感じているなら、事前に質問を書いたメモを用意するなど、少し工夫してみるといいと思います。それでもコミュニケーションがうまくいかないなら、話しやすい先生を求めて転院するしかありません。

反対に、絶対に避けるべきなのは、「患者の可能性や、挑戦の芽を摘んでしまう医師」

です。たとえば、まだ若い患者が「働きたい」と希望しているのに、「君には無理」と、断念させようとする医師などがそれにあたります。

優しさのつもりかもしれませんが、今は心身に障害・病気を抱えていても働ける場所がいろいろあります。

- **患者の生き方に深く関わる要望を前向きに検討する様子がない**
- **反対する根拠を本人が納得するよう説明できない**

こういった医師のところへ通い続ける理由はないと考えましょう。

精神科で処方される「向精神薬」とは何か

精神科医がよく処方するのが「向精神薬」と呼ばれる薬剤です。「おもに精神科で処方される、脳や神経に働きかける薬」のことだと考えてください。具体的には、鎮静剤・睡眠剤・精神安定剤・抗うつ薬などが該当します。

向精神薬には、治療効果だけでなく特有の危険性があることがわかっており、国は「麻薬及び向精神薬取締法《とりしまりほう》」という法律で厳重な管理・取り締まりの対象としています（指定を受けている薬物は2020年時点で84物質)。そのうち私が現場でよく見かけるものを、表(次ページ参照)にまとめました。

現在、精神科のおもな治療手段は患者に薬を投与する「薬物療法」です。精神科に通院するハードルもすっかり下がり、患者が求め医師が処方すれば、向精神薬が簡単に手に入るようになっています。

小ぎれいな身なりをしたごく普通の女性が、精神科で処方された薬をピンクのかわいらしいランチボックスに入れて持ち歩き、薬をテーブルの上に広げて口に運ぶのを見たことがあります。ここまでくると、向精神薬はすっかり私たちの日常に浸透した感がありますが、だからといって安全ということにはなりません。向精神薬が人間にとって最も重要な「脳・神経系」に作用する薬であり、麻薬とともに規制を受けている薬だということを、忘れてはいけないのです。

もちろん、向精神薬がすべてだめ、と言うつもりはありません。たとえば苦痛を和らげるため、あるいは緊急対応のために、どうしても鎮静剤や安定剤が必要になる場合もあるでしょう。

そのような一時的・限定的な使い方は別として、言われるがまま安易に飲み始めたり、

▶ 向精神薬の一例 ◀

商品名	一般名	分類
アキネトン	ビペリデン	パーキンソン病治療薬
アモキサン	アモキサピン	三環系抗うつ薬
エビリファイ	アリピプラゾール	非定型抗精神病薬 (DSS)
コンサータ	メチルフェニデート	ADHD治療薬
コントミン	クロルプロマジン	定型抗精神病薬
サイレース	フルニトラゼパム	ベンゾジアゼピン系睡眠薬(中間作用型)
サインバルタ	デュロキセチン	セロトニン・ノルアドレナリン再取込み阻害薬(SNRI)
ジェイゾロフト	セルトラリン	選択的セロトニン再取込み阻害薬(SSRI)
ジプレキサ	オランザピン	非定型抗精神病薬
ストラテラ	アトモキセチン	ADHD治療薬
セレネース	ハロペリドール	定型抗精神病薬
セロクエル	クエチアピンフマル酸塩	非定型抗精神病薬
ソラナックス	アルプラゾラム	ベンゾジアゼピン系抗不安薬(中間作用型)
テグレトール	カルバマゼピン	抗てんかん薬

※「一般名」とは成分の名称で、販売時に各製薬会社などがつけるのが「商品名」

▶ 向精神薬の一例（承前）◀

商品名	一般名	分類
デパケン	バルプロ酸ナトリウム	抗てんかん薬
デパス	エチゾラム	ベンゾジアゼピン系 抗不安薬（短期作用型）
デプロメール	フルボキサミンマレイン酸塩	選択的セロトニン 再取込み阻害薬（SSRI）
ドグマチール	スルピリド	定型抗精神病薬
パキシル	パロキセチン 塩酸塩水和物	選択的セロトニン 再取込み阻害薬（SSRI）
ハルシオン	トリアゾラム	ベンゾジアゼピン 系睡眠薬
マイスリー	ゾルピデム 酒石酸塩	非ベンゾジアゼピン系 睡眠薬（超短期作用型）
メイラックス	ロフラゼプ酸エチル	ベンゾジアゼピン系 抗不安薬（超長期作用型）
リスパダール	リスペリドン	非定型抗精神病薬
リーゼ	クロチアゼパム	ベンゾジアゼピン系 抗不安薬（短期作用型）
リーマス	炭酸リチウム	気分安定薬
レキソタン	ブロマゼパム	ベンゾジアゼピン系 抗不安薬（中期作用型）
レクサプロ	エスシタロプラム シュウ酸塩	選択的セロトニン 再取込み阻害薬（SSRI）
ワイパックス	ロラゼパム	ベンゾジアゼピン系 抗不安薬（中期作用型）

※「一般名」とは成分の名称で、販売時に各製薬会社などがつけるのが「商品名」

漫然と飲み続けていい薬ではない、と私は言いたいのです。

なぜなら、向精神薬そのものに数々のリスクがあるからです。

向精神薬に潜むリスク

先日、子どもへの虐待をくり返しているという母親との面談がありました。

40歳になったばかりの人ですが、肌は土気色で、目はうつろ。生気がなく、私の前に座ってもうつむいたまま。顔は能面のように無表情でした。

記録を見ると、かなりの期間、病院から多くの向精神薬を処方されています。

「私の話がわかりますか」

こう声をかけると、彼女はゆっくりと顔を上げ、私と目を合わせてうなずき、か細い声でこう訴えます。

「私の夫は夜勤があります。お医者さんから、『ご主人のいない時間に虐待が起きてはいけないので、夜は毎日これだけの薬を飲んでください』、と言われ、その通りに飲んでいます。でも一日じゅう寝たきりになり、家事ができなくなりました……」

口がうまく閉じず、指先が震えています。明らかに薬の影響と思われます。

すぐに担当のケースワーカーに相談し、「薬の見直しをしてはどうか」と勧めましたが、「あの人は主治医への信頼が厚いので、どうでしょうかねえ」

と、鈍い反応しか返ってきません。

薬に対する私たちの信頼は厚く、医師・支援者、そして患者本人までもが、「薬は病気を治すもの。治療に不可欠」と思い込んでいます。

しかし、（しつこいようですが）向精神薬は脳・神経系に作用し、麻薬とともに規制を受けている薬です。漫然と飲み続けていいものではありません。副作用などで思わぬ健康被害に見舞われる可能性もあります。

非常に基本的なことですが、薬を飲むか飲まないかの判断は、あくまでも当事者に委ねられています。**医師が処方し、支援者が勧めても、最終的に「飲む・飲まない」を決めるのは患者本人なのです。**

向精神薬を服用する前に（もちろん服用中の方も）、その薬には以下に挙げる問題があることを知っておきましょう。薬を処方された本人はもちろん、その家族や支援者にもしっかり覚えておいてほしいと思います。

1▼向精神薬は根本的な解決にはならない

向精神薬のなかには、不安や緊張などの症状を和らげてくれるものがありますが、いずれも対症療法にすぎません。**向精神薬で「病気を治す」という考え方には、根本的に無理があるのです。**

少し古い本ですが、患者向けの手引書のなかで、ある精神科医はこう断言しています。

「向精神薬の働きは、興奮伝達のところを抑えるか増やすかのどちらかであり、しかも、飲んだ薬は脳全体に効くというおおざっぱなものですから、それで病気がよくなるはずはありません。（中略）脳の自然治癒の作業を助けるだけです」（神田橋條治『精神科養生のコツ』）

改訂にともないこの一節は削除されてしまいましたが、重要な指摘だと考え、あえて引用しました。

たとえば不安や緊張には、それを引き起こしている「原因」が必ずあります。問題を解決するためにはそこを何とかする必要があるのですが、向精神薬は原因にはアプローチしません。あくまでも「その場しのぎ」にすぎないのです。

2▼そもそも薬には副作用がある

どんな薬も個人の体質によって合う、合わないがあります。もちろん、向精神薬もそうです。また、どんな薬にも副作用があります。眠気や口の渇きといったものから、強い体のだるさや震えなどさまざまです。

先日、私のもとへ相談に訪れた20代のお母さんは、初めて精神科で出された薬を飲んだとたん、気を失ったと話していました。

「ずっと意識がなかったようで、目を覚ますと、子どもがそばで紙オムツをパンパンにして泣きじゃくっていました。指示通りに飲んだのに、怖いです。もう二度と薬は飲みません」

どんな名医でも、患者の体質を見抜くのは至難の業でしょう。また、医師がいつでも薬について十分な説明をしてくれるとは限りません。むしろ個人的には、患者にほとんど説明がされなかったケースも多いと感じています。

薬が自分に合うか合わないか、本当にわかるのはそれを飲んだ自分自身だけ。「病院で処方された薬だから」と、安易に口に入れるのは危険です。また、飲んだあとに何らかの不調が出るようなら、まずは薬の悪影響を疑って、すぐに減薬・断薬を検討しましょう。

3▼向精神薬は量が増えやすい

向精神薬は、使い続けるうちに量が増えていく傾向があります。その理由は2つです。

向精神薬のなかには、ある程度継続すると脳や体に器質的な変化が起きて、効き目が落ちるものがあります。これを「耐性」といいますが、この耐性ができると選択肢は「より強い薬を使う」「量を増やす」のどちらかになります。

次は、患者が受診時に体調悪化を訴えると、医師は薬の増強を検討せざるを得ない、という事情によるものです。たとえば「眠れない」「幻聴を止めてほしい」「前よりしんどい」という患者の訴えに応じて、医師が向精神薬を追加するケースは少なくありません。「何とかしてあげたい」というまじめな医師のジレンマと考えることもできますが、何も考えずに向精神薬を増やし続ける「凡医」もいます。患者自身が注意していなければ、あっという間に多剤大量処方に陥ってしまう危険性があることを忘れないでください（多剤大量処方については後ほどあらためて触れます）。

4▼飲み始めるとやめるのが難しい

向精神薬のなかでも、一部の抗うつ薬や「ベンゾジアゼピン系」に分類される抗不安薬、睡眠薬には依存性があり、服用し続けていると「処方薬依存」を引き起こすことがあります。

乱用した場合だけでなく、医師に指示された用法・用量を守っていても依存状態になるおそれがあり、これは「常用量依存」と呼ばれていますが、いったん依存状態に陥ってしまうと減薬・断薬は容易ではありません。薬を抜くと多くの場合、患者は「離脱症状」（俗にいう「禁断症状」）に苦しむことになります。

離脱症状にはさまざまなものがあり、「イライラ」「頭痛」「不安」「落ち着きがなくなる」「集中力の低下」「ムカつきや嘔吐《おうと》」のほか、注意障害や幻覚、けいれん、興奮状態が数年続くこともあります。なかには錯乱や自殺企図をくり返すなど、命に関わる離脱症状の報告も見られます。

支援者としてまだ駆け出しだった頃、私の担当していた女性が自己判断でいきなり断薬を始めたことがあります。深夜、離脱症状に襲われて七転八倒《しってんばっとう》する彼女から、何度も「苦しい！　助けてえ」と泣き叫ぶ電話がかかってきました。

幸い彼女は薬と縁を切ることができ、現在は夫・子どもと幸せな家庭を築いています。

しかし、断薬しても後遺症のような症状が残る人、断薬に挫折して、再び薬を飲み始めてもなおお症状がおさまらない、そんな地獄にはまり込んだ人もいます。

より詳しい情報は後掲の資料（本章末尾のトピックス2を参照）に譲りますが、ともかく私が言いたいのは、

向精神薬は、飲み続けるとやめるのが非常に難しい

そういう性質を持ち合わせた薬だということです。

私が考える「向精神薬との正しいつき合い方」

このように数々の問題がある向精神薬ですが、何も知らずにどんどん追加していった結果、いわゆる「多剤大量処方」に陥る人があとを絶ちません。

これは文字通り、複数の薬を大量に出される、という意味ですが、なかには10種類を超える薬物を「一日分」として処方される人もいます。

しかし、向精神薬をたくさん飲めば回復が早まる、という明確なエビデンス（科学的根

拠）はこの世に存在しません。むしろ「効いている薬と体質に合わない薬の区別がつかなくなる」「薬物同士の予期せぬ相互作用や副作用の重複などで、体調の悪化を引き起こす」といったリスクがあります。

くり返しますが、向精神薬は脳に直接作用し、私たちの気分や行動を変化させます。これだけでも恐ろしいことですが、その向精神薬を毎日、何錠も何種類も脳に注《そそ》ぎ込《こ》んだら、人間として一体どうなってしまうのか、誰も予想がつきません。

文献をたどっていくと、そもそも向精神薬の使いすぎは、精神科医の間でも1970年代から問題視されてきたことがわかります。

2013年、国立精神・神経医療研究センターは、統合失調症や双極性障害（いわゆる「躁《そう》うつ病」）の治療に使われる抗精神病薬（向精神薬の一種）の処方に関する大規模な調査の結果を公表しました。刊行された論文には、

「抗精神病薬3剤の併用のエビデンスは全くないという科学的事実の状況下で、抗精神病薬4剤以上の併用の割合が20％に達している」と書かれています。これはつまり、明確な科学的根拠がないのに、4剤以上処方されている患者が2割もいるという意味になります。また、「適正な使用法から外れている可能性のある抗精神病薬の処方は、現実場面で

頻繁にみられる」という指摘もありました（奥村泰之ほか「日本全国の統合失調症患者への抗精神病薬の処方パターン」）。

これが問題となり、同センターから「SCAP法による抗精神病薬減量支援シート」が発表され、減薬が広く呼びかけられました（ただし、現在このシートはウェブ上から削除されています）。

2014年には厚生労働省が、向精神薬を多剤処方した場合の診療報酬を減算する決定を下し、その後、2018年にも向精神薬の処方制限が強化されています。国も、多剤大量処方に歯止めをかけようとしていることがわかります。

何種類・何錠を以《もっ》て「多剤大量」とするかは、病態や個人の体質などにより多少は差があるかもしれません。しかし、3剤や4剤で国が動く事態になったことを、私たちは重くみる必要があるのではないでしょうか。

多剤大量処方の問題に詳しいある精神科医は、名医の処方は種類が多くても超少量であると述べつつも、「処方の原則は『単剤・最少有効量』でなければならない」としています（八木剛平「薬に頼らない精神医療」）。

これは、1種類の薬を必要最低限の量で使うべき、という意見ですが、この考えに賛成

しつつ、私なりに補足すると、

- **向精神薬は安易に飲み始めない**
- **飲む必要がある場合は、単剤かつ必要最低限にする**
- **できるだけ短期間の服用にとどめる**

この3つが向精神薬との正しいつき合い方であると思います（服薬期間について一例を挙げると、いわゆるベンゾジアゼピン系の薬は長くても4週までと定めている国が多いようです）。

先に引用した著書のなかで、精神科医の神田橋條治氏は、向精神薬の働きは「脳の自然治癒の作業を助けるだけ」と書いていました。「急がば回れ」のたとえもあります。たとえ時間はかかっても、私たちの「自然治癒」の能力で回復する方法を模索すべきだと思います。

自分の薬をチェックしてみよう

ここからは、具体的にどうすればいいかについて述べます。

向精神薬を処方された人は、それを飲む前に、中身について調べる習慣をつけましょう。

薬をもらうと、必ず一緒に文書がついてきます。その添付文書に薬の名称や効能・効果、副作用などがまとめて記されているはずなので、ひと通り目を通してください。また、インターネット上には、薬名を入力すると詳しい情報を検索できるサイトがいくつもあります。

すでに書きましたが、医師が処方した向精神薬であっても、最終的に「飲む・飲まない」を決めるのは患者自身です。添付文書などの説明書きを読んだうえで、服用すべきかどうか迷いを感じたら、飲むのをいったん控えてください。

また、自分で調べてみると、何か疑問が浮かんでくることもあるはずです。複数の病院にかかっている人なら、似たような効能の薬が重複処方されていることに気づくかもしれません。ぜひ医師に直接わけを尋ねてみましょう。あなたの不安に詳しく答えてくれなかったり、薬を減らすなどの対応をしてくれない場合は、転院を検討しましょう。

患者が自己判断で向精神薬を減らす（断つ）のは危険と言われていますが、その一方で減薬・断薬に積極的に取り組む医師は、いまだ少数にとどまっています。なかには減薬・断薬の知識を持たない医師もおり、「やめたいなら、勝手にどうぞ」と患者に言い放った凡医もいます。

向精神薬をやめたいと考えている人は、まず関連書を読んだり、インターネットで情報を得るところから始めましょう。処方薬依存からの離脱を目的とした当事者の会も運営されています（本章末尾のトピックス2を参照）。

向精神薬に頼る前にセルフケアを

向精神薬のリスクを避ける最善の方法は、そもそも「飲まないこと」に尽きます。

人間には、生まれつき備わっている回復力、すなわち「自然治癒力」があります。それを自分自身で引き出す「セルフケア」を行うことが大事です。

この節では、「育ちの傷」を抱えた人によくある悩みを2つ取りあげて、セルフケアの例を紹介します。

《セルフケア例①　眠れないとき》

眠れない時は睡眠薬に頼ればいい、という考えの人もいることでしょう。しかし、心の痛み（ストレスやネガティブな出来事など）で眠れない人が睡眠薬に頼ると、薬物乱用や症状悪化につながりやすいと指摘して「原則論　睡眠薬なんていらない」と、学術誌にはっきり書く医師もいます（松本俊彦「睡眠薬は是か非か」）。

睡眠薬を口にする前に、まずは入眠しやすいコンディションを整える工夫をしましょう。たとえば、次のように生活環境を変えることから始めてはいかがでしょうか。

▼眠れそうな環境をつくる

眠るためには暗さや静けさが必要です。照明がついたままの部屋や、外のネオンで明るい、さまざまな音がするなどの環境は、思いのほか熟睡を妨げています。アイマスクや耳栓、遮光カーテンの使用は期待を上まわる効果があります。

また、寒すぎたり暑すぎたりも快適な睡眠を阻害します。部屋の温度調整や寝具、睡眠時の服装にも注意を向けて、適温を保つ工夫にも力を入れましょう。

▼生活習慣を規則的なものに変えていく

基本的に、次の3つを守って生活することが快眠につながります。

・毎日決まった時間に寝て、決まった時間に起きる

・しっかり太陽の光を浴びる
・適度な運動を欠かさない

アルコールは睡眠の質を悪くします。「寝酒」と称して、寝入りばなに1杯飲む人がいますが、眠りが浅くなり、睡眠の質が落ちて目が覚めやすくなるのでやめましょう。

夕食は摂りすぎないこと。消化・吸収のため胃腸が活発に働いているとなかなか寝付けないものです。適切な量にとどめ、就寝の3時間前にはすませるようにしてください。

入浴も就寝の1時間前にはすませるようにします。ぬるめのお風呂《ふろ》に長めに浸《つ》かり、副交感神経を刺激することで、眠気を誘いましょう。

入浴後はストレッチなどリラックスタイムをゆったりとり、体のほてりと興奮状態を十分しずめてから寝床に入ること、これは意外と重要なポイントです。

このように生活を規則正しくし、一定のルーティンをくり返すことで生体リズム（体内時計）が正常化され、眠りに入りやすくなります。

▼パソコンやスマートフォンは寝る1時間前には切る

ベッドに入る直前までパソコンやスマホを使っていたり、寝床のなかでもこれらの機器を使用していると眠れなくなります。ブルーライトによって脳が覚醒してしまうためですが、ここを見過ごして不眠に悩んでいる人が、意外と多いように思います。

「1時間前」と書きましたが、可能なら就寝の2〜3時間前など、できるだけ早くあらゆるモニターや画面から離れましょう。こうしてパソコンやスマホからなるべく離れて暮らすだけで、頭痛や肩こりなど、さまざまな体の不調が改善されることもあります。

▼就寝直前を「幸せな時間」にする

寝る前に不快な出来事を思い出したり、あれこれ思い悩んだりすることもよい睡眠を妨げます。夜、悲惨なニュースをテレビで見て眠れなくなった、という声もよく聞きますが、寝床に入るときこそ、幸せな気持ちになるための工夫が大切になります。

たとえば、次のようなことを毎晩くり返すといいでしょう。

まず、ベッドを整え、アロマオイルなどで寝室に素敵な香りを満たし、横になります（ディフューザーがなくても、ティッシュペーパーに1〜2滴垂らして枕元に置くだけで十分です）。

次にしっかりと呼吸をします。深く吸う、吐く、をできるだけ細く、長くくり返しましょう。ふだんの呼吸がいかに浅いかわかると思います。

そのあと、眠りにつくまでは「笑顔になる時間」、と考えましょう。楽しかった思い出や、ふっと微笑《ほほえ》んでしまうような出来事、これからのワクワクするようなプランについて思いを馳《は》せてください（はじめは難しくても、だんだん上手にできるようになります）。

同時に、「悩んでも仕方ない」「考えても結果は同じ」「悩むだけ無駄」などのなかから気に入った言葉を選んで、頭のなかで何度もくり返しつぶやくことを忘れずに。

実際、これらの工夫を欠かさず実行して、睡眠薬に頼らず眠れるようになった方もいます。ある女性はこのセルフケアを日々の暮らしに取り入れつつ、2ヵ月かけて徐々に睡眠薬を弱いものに替え、量も減らしていきました。1年ほどかかりましたが、「薬なしで入眠できるようになりました」とうれしそうに話してくれたのを覚えています。

《セルフケア例②　感覚を取り戻す》

「育ちの傷」を抱えた人のなかには、特定の感覚が鈍っていたり、感じ取りにくいという人がめずらしくありません。たとえば「味を感じられない」という人や、「歩いていても地に足がついていないような感じがする」という人、「皮膚の感覚が鈍い」と訴える人がいます。

病院で検査しても体に異常がないのであれば、原因は心や考え方の問題にあると思われます。その場合、有効なのは薬よりも心理療法やセルフケアです。

ある女性は、母親との確執に悩んで心理療法に通っていました。これまでは自分が道を歩いているとき、ふわふわした、足が空中に浮いているような感覚があったと話していました。ところが、セラピーが進むにつれ、母親のことを割り切って考えることができるようになり、同時に体の感覚も変わってきたと言います。

「こんな自分でもいいんだ、と自分を受け入れることができてからは、なぜかしっかりと大地を踏みしめて、地面と足の感覚を感じて歩けるようになったんです」

また、長期にわたって大量の服薬を続けていた別の女性は、「体や皮膚の感覚が鈍い」と悩んでいました。しかし自分の意志で断薬を決め、徐々に薬を減らしていくにつれ、こんな変化があらわれたそうです。

「減薬中は不安に押しつぶされそうになったり、吐き気に悩まされたり、とても苦しい思いをしました。でも今は、お風呂上がりの肌に風を感じる爽快感がわかるようになったんです。本当にうれしい」

そう笑顔を見せてくれました。

味覚が鈍い、味を感じられないという人は、食事のとき次のようにしてみてください。

テレビは消します。心地よい音楽をかけるのもいいでしょう。

次に、料理に向かって、心を落ち着かせて座ります。

箸はなるべくゆったりとした所作で使い、器から食べ物を口に運ぶときは、「これから○○を食べるのだ」と、しっかり意識して口に入れます。食事以外のことを考えるのはやめましょう。

心を込めてゆっくり何度も噛《か》み、食感を楽しみます。落ち着いて飲み込みましょう。

食後は感謝の気持ちを込めて「ありがとうございました」と口に出すことを忘れずに。

食事のたびにこれをくり返すのです。

些細《ささい》なことのようですが、味覚に限らず感覚は、意識的な所作のくり返しによってあらためて体と結びつき、よみがえります。

こうしてひとつのことに集中し、五感を研ぎ澄ます経験を重ねると、食事以外の日常生活にもいろいろとよい影響が出てきます。食事のとき前述のような振る舞いを心がけるようにしたという、ある女性は、

「なぜか最近、仕事のミスも減ったんです」

と、笑顔で報告してくれました。そして、これまでのミスの原因を「仕事をしていても過去の嫌なことを思い出すので集中できず、つい空想に走っていたんだと思います」と理解できました。

「育ちの傷」がある人は、過去にとらわれて目の前のことをおざなりにしがちなようです。でも、食事のたびにほんの少し意識的になるだけで長年の癖が解消できるなら、儲《もう》けものではないでしょうか。ぜひ試してみましょう。大切なのは実際に「行動してみること」です。

トピックス 2

向精神薬や減薬・断薬に関する資料

向精神薬や減薬・断薬について参考になる資料を紹介します。特定の療法やノウハウを推奨する意図はありません。医師や薬に関する世間一般の常識を鵜呑《うの》みにしている方に、違う角度からの視点を提供したいと思ってのことです。次に挙げるのは、私がこれまで出会った資料の一部です。

▼書籍

①『精神科セカンドオピニオン 正しい診断と処方を求めて』（誤診・誤処方を受けた患者とその家族たち＋笠陽一郎［編著］、シーニュ、2008年）

②『精神医療の現実 処方薬依存からの再生の物語』（嶋田和子、萬書房、2014年）

③『なぜ、日本の精神医療は暴走するのか』（佐藤光展、講談社、2018年）

④『のむな、危険！ 抗うつ薬・睡眠薬・安定剤・抗精神病薬の罠』（北野慶、新評論、2015年）

⑤『ドクター・患者さん・御家族・カウンセラーのための 向精神薬の減薬・断薬メンタルサポートハンドブック』（常葉まり子、ブイツーソリューション、2011年）

⑥『薬を抜くと、心の病は9割治る 精神科クリニックで行っている栄養療法の驚くべき実績』（銀谷翠［著］、神津健一［監修］、素朴社、2014年）
⑦『日本初「薬やめる科」の医師が教える 薬の9割はやめられる』（松田史彦、SBクリエイティブ、2018年）
⑧『医師や薬に頼らない！ すべての不調は自分で治せる』（藤川徳美、方丈社、2019年）

①は、多剤大量処方で苦しんだ患者・家族に加え、多剤大量処方に反対する精神科医や経験者による具体的なアドバイスが豊富に盛り込まれた一冊。私も衝撃を受けた書籍です。刊行時は医師の間でも話題になり、続編も刊行されましたが、そちらは発達障害に特化した内容になっています。

②〜④は、フリーランスの書き手や当事者による作品で、精神科と向精神薬による被害を具体的にレポートしています。

⑤〜⑧は、減薬・断薬や薬の代替となる治療手段について解説した本です。セルフケアとして実行しやすい内容ばかりではありませんし、こうしたテーマの本は現在、たくさん出版されていますので、あくまで一例です。

▼**インターネット上の情報**

向精神薬についての啓発活動を行っている団体を2つ挙げます。書籍は有料ですがウェブサイトのコンテンツは無料なので、インターネットを使える人はこちらをまず参照することをおすすめします。

●全国ベンゾジアゼピン薬害連絡協議会

https://www.benzodiazepine-yakugai-association.com/

トップページの「ベンゾジアゼピンの減薬方法」というリンクから、「アシュトンマニュアル」（イギリスのヘザー・アシュトン教授が作成した減薬マニュアル）など、多くの資料にアクセスできます（ただし、活動は2021年2月より停止中）。

●全国オルタナティブ協議会

http://alternativejapan.org/

薬物治療とは別の選択肢を提案、実践する団体。「イベント」のリンクから、各地で開催されている向精神薬の減薬・断薬などに関する勉強会「サードオピニオン対話会」や、各種催しのスケジュールを知ることができます。同協議会は有料で小冊子「減断薬読本」も発行していて、このサイトに掲載されているメールアドレスや電話番号から申し込めます。

Case3
マリさん

酒とパートナーに依存する人

「入っていいですか〜！」

パーテーションの向こうからひょっこり顔を出したマリさん。デスクのパソコンに目をやると予約時間をとうに過ぎています。

彼女は時間通りに来ることが難しい人でした。仕事のときはどうしているのか——そう心配する私を、マリさんは気にかけるそぶりもありません。席に着くなり、テイクアウトのアイスコーヒーをガブリと飲み込みます。美容室帰りでしょうか、艶《つや》やかな髪から漂う甘い香り——。

マリさんは、ＴＶを中心にタレントの仕事をしています。透き通るような白い肌にナチュラルメイク、そして人懐《ひとなつ》っこい笑顔を魅力に、レポーターや司会など、華麗な世界に生きる女性でした。

アルコール依存症の入り口

私が運営をしている研究所では思考の癖を直す心理療法を行っており、マリさんはクライアントのひとりです。

一定期間、定期的に通わなければ意味がないのですが、彼女は自分が来たいときだけ予約を入れ、数回通ってはまた途絶えることをくり返していました。

話すときも、事情を説明したり、前置きしたりすることなどありません。相手の都合はお構いなしで、今日も遅刻の理由を、唐突にこう切り出します。

「お酒を飲むと止まらなくなっちゃうんです、最近」

どういうことかと尋ねると、

「飲んだあと、わけがわからなくなるの。彼氏が言うには、普通にタクシー乗って、お金も払って家に帰って、子どもも迎えに行ってるらしい。でも……そのあと、決まって死にたくなるんです」

彼女のお酒の飲み方には明らかに問題がありました。ブラックアウト（飲酒時の記憶を失うこと）をくり返しているのです。

「それはよくないね」

そう言うと、彼女は一瞬黙り込み、

「……あたし、どうなってしまったの？」

小さな声でつぶやきます。その瞳は不安でいっぱいでした。

「そうね、アルコール依存症の入り口に立ってるって感じかな」

私の言葉を聞くや否や、今度は目をまんまるにして大げさに頭を抱えます。

「アルコール依存症⁉ はぁーっ？ あたしがぁ？ 嘘《うそ》でしょ⁉」

「飲み出すと止まらない、毎回記憶をなくす。死にたいと思うこともあるなら、うつも併発してるかも。軽く考えないほうがいいですよ」

私は、お酒を控えるよう勧めましたが、マリさんは「無理」と言うばかりでした。

彼女がこうなった背景には、育った環境が影響しています。私の脳裏には、これまでに何度も対話を重ねるなかで聞いた、彼女の成育歴のあれこれが浮かんでいました。

色街で生まれ育って

マリさんが生まれ育ったのは古くからの色街でした。

夕方には街娼《がいしょう》が立ち、客引きや麻薬の売人も出没する猥雑《わいざつ》な界隈《かいわい》です。シングルマザーだったマリさんの母親は、そうした町で商売をしながら女手ひとつで彼女を育てました。

母親は羽振りがよく、周囲によく金を貸していたことから、金銭トラブルが日常茶飯事でした。小さかったマリさんは借金の取り立てに一緒に連れていかれるなど、大人同士の争い事をたくさん目にしてきました。

「あたしが4〜5歳の頃だったと思う。夜、母親が、誰かの家の玄関前で、『こらあ、金返さんかー』って大声で怒鳴って、戸を蹴ってたの。『お前も蹴れ』って言われて、あたしも一緒に戸を蹴ってた記憶があります」

両親は日頃からトラブルが絶えず、彼女が小さいときに別れました。マリさんは今も、両親の離婚が決定的になった日の光景が忘れられません。

「その日の両親のもめ方はいつもと違ってました。お父さんが大きな借金をしたって、あたしの目の前でお母さんに無茶苦茶に責められて、『今すぐ出ていけ!』って言われて。そのとき、お父さん、大声で泣いてあたしを抱きしめたんです。汗びっしょりで、あたしのワンピースが濡《ぬ》れて黒くなったのを覚えてます」

シングルマザーとなった母親は店を出し、つき合いが派手になりました。すると、襟元に刺青《いれずみ》をちらつかせ、あちこちに顔の利く男性がマリさんの家によく出入りするようになったのです。この町で女がひとりで商売するには後ろ盾が必要なのかもしれませんが、この男性には妻子がいました。

「その人が家に来てる間、あたし、よく自分の部屋の壁にもたれて、ひとりでぼんやりしてた。自分だけの世界に入り込むの。文句は言えないから。親の言うことは絶対だったし、『あたしは贅沢《ぜいたく》させてもらってるんだから、お母さんに感謝しないと』って、いつも思ってたから」

マリさんには、大人から子どもとして扱われ、守られた記憶がありませんでした。

「酒とカネ」しかない世界

「母親はよく稼ぐ人でした」とマリさんは言います。そのため彼女はお金に不自由した記憶がありません。むしろ年齢に見合わない額のお金を幼いときから与えられていました。

でも、夜はいつもひとりぼっちでした。

当時を思い出してマリさんはこんな話をしたことがあります。

「子どものとき、お母さんに『夜、ひとりはイヤ』と言ったことがあるんです。そしたら、『ほら』ってお金を差し出すんです。いつもお金、お金なんです。それでもあたしがしつこく泣き言を言おうものなら、すぐブチ切れてわめくんです。

『いい加減にし！　あんたはこんなにいい思いさせてもろて、幸せやないの。何を文句言うてるの！　お前なんかまだまし。私は親からもっとひどい育てられ方をされてきたんや』って」

そこまで言うと、マリさんは大きなため息をつきました。

「とにかくすぐキレるから、ちゃんと話せた記憶がないです」

母親には商売仲間がたくさんいました。店が終わったあと、母親は顔なじみと連れ立って、朝まで何軒もはしごをして酒を飲みました。マリさんも小さなときから母親に連れられて同席させられたそうです。

「お酒を飲まない人を見たことがなかった。あたしの育った町はお酒を飲まないとやっていけないところだから」

もうもうとタバコの煙が充満する酒場。そこで面白おかしく繰り広げられるのは、決まってこんな話でした。

「カタギの男ほどアホらしいもんはおらん、まじめに小遣いもろうて、何が面白い！」

「そやそや、サラリーマンなんぞくだらん、どれだけ働いても同じ月給、ようやるわ！」

相当稼ぎがあったのでしょう、母親の商売仲間はみな金払いがよく、マリさんはお正月になると多額のお年玉を手にしていました。

「とにかくお金、なんです。別に何もない普通の日でも、誰それの子どもだというだけでお金がもらえました。もちろん硬貨なんかじゃない、お札です」

価値観は連鎖する

こんな環境で育ってきたためか、マリさんのお金に対する価値観は、一般の人のそれとはかけ離れていました。こんな話をしていたことがあります。

「収入が低い人間とつき合うなんて絶対無理。だってね、この間あたし、お買い物してるとき、携帯電話の充電が切れたんです。だからすぐコンビニで充電器買ったんです。そしたら、一緒にいた友達が、『家、すぐそこじゃん』って言うんです。ビックリですよ、めんどくさくないですか？　何かを取りに帰るなんて。そのへんで買えばいいのに」

普通に就職するつもりはなかったの、と私が質問すると、彼女はこう答えます。

「う～ん。何かをまじめにしたらアホらしいというか、まわりもあたしをバカにするような気がして。そりゃお金はあったほうがいい。でも、自分が定時で毎日働くなんてしんどすぎて、考えただけでお腹《なか》が痛くなる」

そんな彼女が飛び込んだのは、華やかな芸能界。彼女の愛らしい笑顔は業界ですぐに評判になりました。次々に仕事が入って、瞬《また》く間《ま》にあちこちの番組で彼女を見かけるようになったのです。レギュラー番組を持ち、引っ張りだこになったマリさんは、初めて晴れ晴れとした気持ちになれたと言います。

「いつも足手まといだったあたしが、やっと母親に自分を認めさせることができた、違います?」

マリさんはその後、結婚することになりました。大手商社の社員からプロポーズされたのです。有名私大を卒業した端整な顔立ちの男性で、マリさんはやっと幸せをつかんだように見えました。

しかし、結婚して間もなく言い争うことが増え、3年を待たずに離婚に至ります。ふたりの間に生まれた息子をめぐっては、お互いに「いらない」と押しつけ合い、その結果、マリさんがしぶしぶ引き取ることになりました。

それでも、お金に不自由はありませんでした。すぐに新しい恋人ができたのです。相手は不動産業を手広く営む男性で、マリさんとは父親ほど歳《とし》が離れた人でした。まっさらの外車をプレゼントされ、タワーマンションの広い部屋で息子とふたりの暮らしが始まりました。

ところが、その頃からマリさんは、思いがけない苦悩に見舞われるようになります。

「あるとき、刷り上がった新番組のポスターの写真を見てたんですね。きれいな衣装をまとって微笑《ほほえ》むあたしがいる。今までたくさんの人に『あなたの笑顔は人を幸せにする』と言われてきた。でも、あたしの心のなかは空っぽ。突然、それに気づいたんです」

世間の評価と、実際の自分自身との間のギャップ——マリさんは苦しみ始めました。

アルコールに救いを求めて

この頃から、彼女はお酒に心の解放を求めるようになりました。

「悩むことに疲れて、もう、どうでもいいわ、って感じで毎日飲み歩きました。飲めば考えることをやめられるから。でも、いったん飲み始めたら止まらなくて。

友人と店で飲んだあと、いったん別れたふりをしてまた店に戻って飲んだり。どこかでタガが外れた感じだった」

お酒の量は増える一方でした。財布や携帯電話をどこかに置き忘れることはしょっちゅうで、酔っては人に絡《から》み、ケンカになることもたびたびありました。

コントロールがまったく利かなくなるまでに、そう時間はかかりませんでした。

家のなかは散らかり放題。生活ゴミが玄関に山積し、台所は消臭剤でも隠しきれないほどの悪臭が漂うようになります。

にもかかわらず、マリさんの酒量はさらに増え、行動はますますエスカレートしていきました。

「そんな自分でも、生きてさえいればいい、と自分に言い訳をしてた。生きてることが大事なんでしょ？　違います？」

ある夜のこと。泥酔《でいすい》したマリさんは、彼氏からプレゼントされた家じゅうのブランド品をゴミ袋にまとめて、火をつけて燃やそうとしました。家に来ていた彼氏がそれを制止しようとすると、睨《にら》みつけてこう罵りました。

「止めないで！　放してよ！　あんたはどうせあたしの体目当て。セックスしないとお金くれないくせに！」

別の日、マリさんの母親が、預かっていたマリさんの息子を自宅まで送り届けにきたときのことです。

母親が帰ろうとすると、泥酔したマリさんが裸足《はだし》で追いかけました。マンションのエレベーターホールで追いつくと、

「なによ、いい母親づらして！　どうせあたしなんか産まなければよかったって思ってるくせに！　あたしがいなかったらもっと男の人と遊べた、そう後悔してるんでしょ⁉」

母親は泣きながら帰っていったと言います。

深夜になると、毎晩のように手あたり次第に知り合いに電話をかけるようになりました。泥酔しているのでろれつがまわらず、相手が応答しても、ろくに話せません。不審に思った相手が電話を切るとまたかける――誰かれなしに夜通し、この行為をくり返しました。

気分が悪くなるとトイレへ行き、顔を便器に突っ込んで吐く。

再び部屋に戻り、すがりつくように携帯電話を手にとる。

そして床にへたり込んで、また誰かに電話をかける――。

そんな母親の姿を廊下の隅から、5歳の息子がジッと見つめています。そのまなざしは

子どもの頃のマリさんと同じ、深い悲しみでいっぱいでした。

私は生きてちゃいけないの

かわいい盛りの息子を抱えての、荒れに荒れた生活――。それまでアルコールを控えるのは「無理」と頑なに抵抗していたマリさんですが、最近、あることをきっかけに、少しだけ心境が変わってきたと話してくれました。その「きっかけ」とは、次のような出来事でした。

ある日の深夜、マリさんはいつものように酔いつぶれて、ベッドで眠り込んでいました。ふと目を覚ますと、こんな考えが頭をよぎったそうです。

「何してるんだろ、あたし、こんなところで。死なないといけないのに」

ベッドから体を起こし、裸足で玄関を出ていきました。

「早く死なないと」

そうつぶやきながらマリさんは高層マンションの冷たい渡り廊下を歩き、廊下の突き当たりから屋上に延びる階段を一歩一歩ゆっくりと上りました。そして、上りきったところにある鉄扉《てっぴ》のノブに手をかけたのです。

ガチャ、と音がしたものの、ドアは施錠《せじょう》されていて開きません。マリさんはノブをガチャガチャまわして扉をドンドンとたたき、大声を上げました。

「開けてぇ、誰かここを開けてよぉ、あたしを出して！　あたしは生きてちゃいけないのよぉ」

その叫び声は真夜中の建物内に響き渡りました。そのとき、後ろで耳慣れた声が小さく聞こえました。

「ママ」

息子でした。夜更《よふ》けに母親が靴も履かずに出ていく音で目を覚まし、あとをついてきたのです。

「ママ、帰ろう？」

マリさんに向かって差し出された小さな手。マリさんは息子の冷えた体を抱きしめて泣きました。

「ごめんね、ごめんね、ママを許して」

私には私の人生がある

この出来事があってから、マリさんは自分を少しだけ客観的に見られるようになったと、語ってくれました。

「あたしがずっと信じていたのは、しょせん自分なんか何もできない、抗《あらが》っても無駄、どうせ勝てないってこと。だから自分のなかですべてを丸くおさめようと、たくさんのことをあきらめて生きてきたんだと思います」

そして、ずっと抱いていた母親への違和感を口にします。

「学校に行くと、『こんなことはだめです』って先生から教わりますよね？　たとえば、人の物を盗《と》ってはいけませんとか、ルールとか法律を犯してはだめです、とか。

でも、自分の母親は昼間から堂々と妻子持ちのヤクザを家に連れ込んでいて、その人の後《うし》ろ盾《だて》で稼いだお金であたしは養ってもらっていて、大学にも行けた。

そんなあたしって何？　何がよくて何がだめなのかが全然わからなくて……」

母親から独立したいと思っても、子どもを抱え、不安定な芸能活動の収入だけでは難しい。かといって、週5日間働く仕事なんて自分にできるとは思えない。

生活レベルを落とさないためには、自分の気持ちなんて無視して、誰かに援助してもらったらいい、そう考えたときから、無力感だけがどんどん膨らんでいったと言います。

「あたし、一度、母に、オジサン……つまり、貢《みつ》いでくれてた彼氏なんですが、『オジサンと別れたい』って相談したんですね。そしたら母に『お前は義理とか恩とか知らんのか！』ってめちゃくちゃ罵倒されたんです。

母は結局、『お金がすべて。女はひとりでは生きていけない。支えてくれる男が必要』という考え方で、あたしにもそういう生き方を求めてた。

だから思ったんです。じゃあ、あたしは誰かに頼ってしか生きられない、この好きでもない男と一生離れることができないんだって。そのときからです、無茶苦茶お酒を飲み始めたのは」

マリさんはようやく「母親の掟《おきて》」から自由になろうと決めたのでした。

「今はお母さんの生き方をどう思っているの？」

そう尋ねると、マリさんはこう答えました。

「今は、〈お母さんのやり方でなくていい〉〈あたしの人生を生きていい〉、そう思えます」

第4章

依存を断ち、自分を傷つけるのをやめる

「依存」とは何か

お酒、恋人、そして仕事――Case3で登場したマリさんは、さまざまなものに依存して生きる人でした。

「頼っていた」のではありません。「依存していた」のです。この違いは重要です。

「頼る」というのは、不足を補うために自らの判断で人の手を借りたり、道具や制度を利用することで、何らかの主体性が含まれている行為です。

それに対して**「依存」とは、習慣的な行動などを自分の意志でやめられなくなっている状態**を指します。その行動が自分の生活にダメージを与えているとわかっていても、本人の力ではどうにもならない状態で、そこに主体性はないのです。

お酒、薬、パチンコ、競馬・競輪などの賭け事、ゲーム、買い物、スマホ、パートナー、あるいはコーヒーなどのカフェインやスイーツまで含めると、人は実にさまざまなものに依存して生きている動物と言えます。なぜ人は、何かに依存してしまうのでしょうか？

一言でまとめると「何かを忘れたり、紛らわせるため」だと私は思います。満たされない思いや空虚感、ストレスを一時的に快楽や刺激で満たそうとしているのです。

その意味で「育ちの傷」がある人は、依存状態になりやすいと言えます。

家庭で日常的にかけられる「親からの温かな言葉」や「スキンシップ」は、伸び盛りの子どもにとって、まさに空気や食べ物と同じくらい大切なものです。

しかし、幼少期にそれらを与えられなかった人は、「親に愛されなかった自分」「それだけの価値がない自分」などの不全感・欠如感をどこかに抱えたまま生きることになります。その**空虚感を埋め合わせるために、何かにのめり込んでしまうのです。**なかには、医療的な管理が必要な「依存症」に陥ってしまう人もいます。

そうならないためには何を考え、どう行動すればいいのでしょう。この章では「育ちの傷」を持つ人がとくに依存しやすい、

・パートナー
・仕事
・アルコール
・行動嗜癖《しへき》（リストカットなどの自傷行為）
・幻聴・幻視

などを取りあげて解説します（なお、向精神薬への依存については第3章を参照してください）。

パートナーへの依存

恋愛や結婚において「いい関係」を長く維持することは、誰にとっても簡単ではありません。「育ちの傷」というトラウマを抱えた人にとっては何倍も困難なものになりがちです。なぜでしょうか。おもな理由は次の3つに絞ることができます。

1▼自己評価がとても低いため

親から拒絶され、存在を否定するかのような言動を受けて育った人は、自分に自信を持つことができなくなっています。他人から肯定された経験がほとんどないので、たとえプロポーズされても、相手の愛情や言葉を素直に受け取ることができません。「自分にそんな価値はない」と考えて懐疑的になったり、勝手に身を引こうとしたりと、自ら関係性を壊すような行動に出てしまうことがあります。

そうかと思うと逆に、「こんな（価値のない）私を選んでくれた人だから」と、相手を無条件に受け入れてしまう人や、問題のある相手（たとえば暴力や借金癖があるなど）をわざわざ選んで、ひどい目に遭いながらも別れられず、ズルズルとつき合い続ける人もいます。

2▼よい見本がなかったため

機能不全家族で成長した「育ちの傷」を抱える人は、〝両親が仲良くしている様子〟〝親が子をかわいがる様子〟などを見ることなく育っています。

恋愛や結婚において、人は無意識に自分の親をロールモデル（お手本）として行動するものですが、「育ちの傷」を抱えた人はそもそも「よいお手本」を知らないので、パートナーとどう交際していいかわからないのです。

パートナー同士の「いい状態」を知らないわけですから、恋愛の舵取《かじと》りは至難の業で、たとえ結婚できたとしても、「愛情のある接し方」をされたことがないため、結婚相手や子どもにどう接していいかわかりません。

一方、〝自分の気分で子を振りまわす親〟〝いがみ合う両親〟〝子に暴言・暴力を浴びせる親〟といった「悪い見本」はさんざん経験しているため、その通りに行動して周囲を驚かせてしまうことがあります。

3▼感情のコントロールがうまくできないため

相手を思う気持ちがあっても、感情のアップダウンが非常に激しく、些細《ささい》なことがきっかけで爆発しがちです。こうした〝爆発癖〟の原因は、子ども時代に親にしっかり甘えられなかったために起こる「愛着形成の不全」にあります。

いちばん身近な他人である親から愛され、受け入れられた経験のないまま育った人は、あらゆる人間関係に常に不安を感じています。パートナーから親切にされたり愛情を示されても素直に受け入れられず、「すぐに態度を変えるのでは」と警戒します。だから感情が安定せず、折に触れて積もった感情をぶちまけてしまうのです。

本人はたいてい、爆発したことを後悔するのですが、そのときには後の祭り。もめごとの多い生活になり、せっかくの縁を台無しにしてしまいます。

健全な関係を築くために

では、「育ちの傷」を抱えた人がパートナーといい関係を維持するためには、どうすればいいのでしょうか。

基本的なことですが、まずはスタート地点での「相手選び」が大切です。「背が高くてカッコいい」「いい会社に勤めている」といった表面的な理由だけで交際相手を選んではいけません。

「一緒にいて疲れない、安心できる人」

「いつも私の気持ちをいちばんに考えてくれる人」

このように、必ず相手の内面や性格に重点をおきます。たとえば「愚痴や文句をほとんど言わない、前向きで誠実な人」「温厚で、人に誠実で辛抱強い人」などの条件を自分のなかに設けて選ぶことです。

また、よくあるのが、「エリートだから」「お金持ちだから」といった損得勘定で相手を選ぶケースです。シングルマザーで、経済的に楽になろうと再婚を考える人に多い選択パターンと言えますが、これはやめておくのが賢明です。

いわゆる「子連れ婚」が成立したとしても、再婚相手に気を遣って我が子との仲がギクシャクしたり、再婚相手と我が子との関係がうまくいかないなど、「育ちの傷」が次の世代へ引き継がれる「世代間連鎖」が起きやすいからです。

「それでもこの人と」と思う相手が現れたら、その人の長所・短所などをしっかり分析・考察したうえで、ふたりで「約束」を交わしてから交際・結婚に踏み切ってはいかがでしょうか。たとえば、

・どちらかに一度でも暴力・暴言の傾向が見られたら心理カウンセリングを受けに行く

・どちらかに一度でも暴力・暴言があった時点で別居する

など、交際・結婚の前にふたりで具体的で明確なルールを決め、紙に書いて、よく見える場所に貼っておくなどすることをおすすめします。

子育てについては、油断は禁物です。「育ちの傷」を抱えての育児は、過去の悲しい記憶との闘いになり、つらいものになりがちだからです。

妊娠したとわかったら、できるだけ出産前に、心理カウンセリングなどの心理療法を受けておくことが必要です。自らの「育ちの傷」を理解して対策を学び、精神的に安定した生活を送れるようにするためです。また、良質な相談先を確保しておくことにもなるので、育児に対する最善の備えとなるでしょう。

パートナー同士は「常に対等」

当たり前のことを言うようですが、**恋愛・結婚において、人は互いに平等です。**

目の前の人がどれほど優れた人、たとえば社会的地位、学歴、家柄、ルックス、どれをとっても自分より上だと思える人であっても、「選ぶ権利」はお互いにあります。劣等感から焦《あせ》ったり、相手に媚《こ》びたりする必要はありません。

また、恋愛・結婚には常に失恋・離婚の可能性がついてまわりますし、パートナー同士の関係にはいわゆる「ご縁」も絡《から》んでいることを忘れないでください。いくらがんばってもうまくいかないときはあるのです。

機能不全家族で育ち、それでも30代でよき伴侶に恵まれた女性がいました。でも彼女は、20代のときに自分を捨てたエリート男性との失恋を強く引きずっています。失恋から20年以上経過し、40代となった今ではよき家庭に恵まれているにもかかわらず、「今でも理由がわかりません。あのとき、あの人と結婚できていれば……」などと思い出しては、泣いて取り乱します。

彼女にとってその恋愛は、「命がけの闘い」だったのです。結婚を機に、それまでの恵まれなかった人生を一変させたい――そんな強すぎる思いが仇《あだ》となり、彼女は「育ちの傷」に加えて新たなトラウマを抱え込んだのです。

しかし、人間関係は努力だけでどうにかなるものではありません。「この人を逃すともうチャンスはない」といった極端な思い込みによって相手に執着し、心の傷をさらに深めることのないよう、くれぐれも気をつけてほしいものです。

念のため書きますが、「『育ちの傷』がある人は恋愛・結婚で必ず失敗する」と言いたいわけではありません。よきパートナーとめぐりあい、支えられながら回復の道を歩まれた幸運な人も私は知っています。何度も危機を乗り越え、そのたびに自らの心の傷を克服して、ついに最適なパートナーにめぐりあえた人もいます。

経験上、「育ちの傷」を抱えた人同士の交際・結婚は苦労が多く、失敗する確率もとても高いと私は感じています。しかし、これも絶対というわけではありません。お互いの心の傷を前向きに受け止め、支え合いながら、ともに回復に向けて努力を続けるカップルを私は実際に見てきました。

結婚・再婚が長続きしないことも多いこの時代ですが、異性との関係から学べることはたくさんあります。最初から背を向けるのではなく、知識と経験を積み重ねて賢くなること、そしてすべては自分を成長させる糧《かて》だと考えて前向きにとらえてほしい、そう思っています。

仕事への依存

25歳のYさん（男性）は一流企業の若手社員。入社3年目で突然うつ病を発症し、相談に訪れました。

「会社が嫌になったんです」

うっすらとヒゲをはやし、うつむき加減でYさんはこうつぶやきます。

子ども時代について聞き取りをすると、父親は一流大学出身で企業の役員でしたが、怒られた思い出しかないと言います。「一流高校に行けないやつはみんなクズ」「優秀でないやつはオレの子じゃない」などと、強い思い込みに満ちた叱咤《しった》を受ける毎日でした。

もともと勉強がよくできたYさんは、親の意をくみ、幼い頃から進学塾に通い、猛勉強を続けました。その結果、難関と言われる中高一貫校に合格し、国立大学を経て、一流企業へ入社することができたのです。

その後も懸命な努力が続きました。残業に残業を重ね、とうとう営業成績でトップをとるまでに上りつめたのです。しかし、Yさんが心身に変調を感じ始めたのはこの頃でした。

「人間関係はずっと苦手でした。いつも不安と緊張があって、同僚やお客さんとうまくしゃべることができなかったんです。そのうちなんとなく『会社に行きたくない』と思い始めて……」

ある日の休日、気がつくとYさんは外で衣服を脱ぎ、素《す》っ裸《ぱだか》で、大声で歌いながら道路を歩いていたのです。通報され、そのまま精神科に入院、会社は長期の病休となりました。

「正直、ホッとしました。もう、がんばらなくていい、と。親は落胆してるでしょうけど」

少し弱々しい微笑《ほほえ》みを見せます。


なぜこのようなことが起こるのでしょうか？

親から温《ぬく》もりのある関わりを与えられず、勉強だけを強要されて育った人は、「自分はどこか欠如した人間」という感覚を抱えます。親が評価するのは「がんばる自分」「優秀な自分」のみと考えるからです。その感覚はやがて、「自分は愛される価値がない」という、屈折した劣等感へと変容していきます。

そのような劣等感を持つ子のなかには、引きこもったり、不良になったりして、親に対する反発を表面化させるケースもありますが、それができない子は、心の奥底に違和感を抱えつつも親の敷いたレールをひた走ります。求められている成果を出して親から評価を得続けることで、欠けた部分を埋めようとするのです。

でも、どれほど期待にこたえようと、そこに「満足感」はありません。なぜなら、その動機は、どこまでいっても他者の欲求でしかないからです。

他人のために生きているうちは、心の空洞を埋めることなどできません。人は、自らの自然な感情と向き合ってこそ、健康的に生きることができるのです。

Yさんは、周囲には努力家に見えたかもしれません。しかし、実際にYさんの内面を占めていたのは、やりがいや充実感ではなく、「親の期待にこたえなければ」という重圧や、「親にほめられたい」という悲しい期待だけでした。こうして彼はひたすら自分を騙《だま》し続け、とうとう限界に達して壊れてしまったのです。

期待には「こたえない」

日本では一般的に、「がんばる人」は称賛される傾向が強いものです。勉強も仕事も「がんばるもの」という教育を受けたためでしょう。しかし私は、あまりがむしゃらに突っ走る人を見ると、「大丈夫かな？」と心配になることがあります。

人間、誰しも向上したいと考える生き物です。それぞれの才能や個性、情熱に導かれてひとつの道を目指す姿は素敵なことに違いありません。しかし実際には、その人の生き方や職業、目指す道は、どこかで成育家庭の影響を映し出していることが多いものです。

どんなに勉強や仕事に励んでも喜びや達成感を得られず、悲壮感すら漂っているなら、それは「代理戦争」をしているのかもしれません。本人も気づかぬうちに、親の期待やコンプレックスを受けて闘っているのです。

しかし、こうしたケースの親は、「子どものため」と言いながら、実は自らの劣等感を払拭《ふっしょく》するために子の尻をたたいているのです。たとえ我が子が何事かを達成できたとしても、心から満足することはありません。さらなる高みを目指せとハードルを上げるか、もしくはその成功に嫉妬し、再び子どもを傷つけようとするかの、どちらかでしょう。

思い当たる節がある人は、Ｙさんのように心を病んでしまう前に、一度立ち止まってみるべきだと思います。**周囲の勝手な期待にこたえる必要などありません。**自分のために勉強し、働き、好きなことをする、それで何も問題はないのです。

あなたの人生はあなたのもの。そして親の人生は親のもの。それぞれ、自分のために生きること――そのように意識を変えましょう。

アルコールへの依存

お酒の飲み方は、心の健康度をとてもよく表しています。

私がまだ大学院に通っていた頃の話ですが、あるとき交流会がありました。

私の前に座った大学院生は、生ビールがテーブルに届くや否《いな》や、水のようにジョッキをあおりました。ほとんど味わうことなく喉に流し込むと、店員にお代わりを求めます。

すぐに酔いがまわり、目がとろんとしてきました。よく見ると、ジョッキを握りしめた手が小刻みに震えています。

博士課程の男性でしたが、就職先がないため、何年も院生を続けていると聞きました。アルコールは、彼にとって不安を紛らわせる手段になっていたのでしょう。

母子生活支援施設で紹介されたアルコール依存症の女性は、貧しいひとり親家庭のお母さんでした。昼間の面談でしたが、向かい合って着席するとプーンと酒のにおいが漂います。聞くと、缶チューハイを一日平均5～6本、ときには自動販売機の前で立ったまま飲み干すそうです。

「お酒をやめたいが、治療するお金がない」

しかし寂しさからか、深夜になると酔ってあちこち携帯電話で連絡するため、その費用が月に2万～3万円にのぼるとも聞きました。

酒代と電話代で治療費は十分まかなえるのですが、そうは考えられないようでした。携帯電話を握りしめて酔いつぶれるお母さん――その姿を毎晩ながめる子どもはどんな気持ちかと思わずにいられません。

しかし、明らかに問題のある飲み方をしている人に「依存症」の可能性を指摘しても、

「自分はそんなにたくさん飲んでないから、依存症なんかじゃありません」

たいてい笑ってそう否定します。しかし、問題は飲む量ではありません。ビール、日本酒、焼酎、ウイスキーなど酒類に含まれるアルコールは、誰の体にも同じように作用するわけではありません。それほど大量に摂取していなくても、体質やストレスの度合いによっては、たちまち依存症となるケースもあると報告されています。

つまり、どんな人にも依存症になる可能性はあるのですが、「育ちの傷」など心の問題を抱えた人の連続飲酒のリスクは、それだけではありません。

「育ちの傷」を持つ人が抱える否定的な自己イメージは、アルコールによって増強されます。マリさんが飲酒するたび自死に走ろうとしたのは、**アルコールによって無力感や自己無価値感が増幅されて、強烈な希死念慮（死にたいという気持ち）に襲われる**ためです。これは決してまれなケースではありません。

この社会で、今やお酒はとても身近な存在です。いつでもどこでも手に入るため、私たちはほとんど警戒することがありません。しかし、脳に対するアルコールの影響は、一般の人が考えているよりも強いのです。とくに、向精神薬を常用している人の飲酒は、自殺行為とすら言えます。

飲酒で気持ちを紛らわせる行為の先に待っているのは、「アルコール依存症」の可能性です。「このくらいなら大丈夫」「何とかなる」と軽く考えないことが大切です。

治療は必ず専門の病院・団体で

そもそも「依存症」とは何でしょうか。

これは、依存状態が病的な状態にまで昂《こう》じて日常生活に支障が出ている状態を意味します。そこに至ってしまうと自力で脱出するのは難しいと考えたほうがいいでしょう。

飲酒をやめられない人に対して、「意志が弱い」と非難する向きもありますが、一度依存症になってしまうと、脳の神経細胞が変化してしまうため、自分の意思でブレーキをかけることができなくなるのです。

これはアルコールに限った話ではありません。薬物、ギャンブル、ゲームなど、どの依存症もすべて同じで、放置すれば悪化するだけです。自主的に、早期に、そして積極的に治療を始めることが解決への早道と言えます。

依存症の治療には専門の医療機関や団体の力が不可欠です。まずは各地の精神保健福祉センターに相談に行くか、ウェブサイト「依存症対策全国センター」(https://www.ncasa-japan.jp/)から専門の相談窓口や専門病院をさがすのがいいと思います。薬物依存症の問題をサポートしている団体としては、「日本ダルク」(http://darc-ic.com/)がよく知られています。

「行動嗜癖」=問題行動への依存

「行動嗜癖」という言葉があります。これは、特定の行動に依存することであり、ある行為で得られる刺激や快楽によって心の痛みを埋め合わせようとすることだと考えてください。たとえば、摂食障害(食べ吐きをする)はよく知られている行動嗜癖のひとつで、女性に多く見られます。

リストカット(手首を切る)などの「自傷行為」は若い人に多く、小学1年生のときからリストカットがやめられないなど、年少のケースもあります。腕に残された無数の切り傷を長袖で隠すようにしている人もいれば、逆にわざと見えるようにしている人もおり、「心配してほしい」という切ない胸の内が伝わります。

また、「オーバードーズ（Overdose、略してOD）」に陥っている人もいます。これは薬物の過剰摂取のことで、処方された薬を用量以上に使うケースもあれば、薬局で購入した市販の風邪薬や鎮痛剤などを一気飲みする人もいます。

これらリストカットやODは、一歩間違えれば命に関わる自傷行為と言えますが、それをしている誰もが、本当に死にたがっているわけではありません。

こうした行動嗜癖の原因は、「育ちの傷」などの心の痛みにあります。この心の痛みからくる心身のアンバランスや、イラつき・不安などを一瞬でも忘れたい、生きていることを確認したい、といった気持ちから始まることが多いのです。本当の問題は「心の痛み」にあるので、そこにアプローチしない限り、行動嗜癖がおさまることはありません。

また、アルコール依存などと同様に、次第に脳がより強い刺激を求めるようになるため、はじめは人目を気にしていても、時間がたつにつれてエスカレートしがちです。

騒ぎを起こして警察沙汰になったり、保護入院になってやめるきっかけができる場合もありますが、障害が残ったり、死に至るケースもあるため、軽く考えてはいけません。

自分を傷つけないためにできること

すでに書きましたが、行動嗜癖の原因は「心の痛み」にあります。したがって、こうした行為をやめたい／やめさせたいと思うなら、いちばんはじめにケアすべきは「心」、そして考え方ということになります。

具体的には心理療法を受ける、アルコール依存症の場合と同じく専門機関の治療を受けるといった方法になります。しかし、それ以外に本人ができることもあるので、紹介しておきましょう。

以前、リストカットに悩む14歳の女性とこんな約束をしたことがあります。

「自分に優しくする方法」として、

①ケーキを買いにいく

②コーヒーを淹《い》れる

③好きな音楽を聞きながら、ケーキを食べてコーヒーを飲む

などと決めて紙に書き出し、どこかに貼っておくことにしたのです。

これは「つらい気持ちになったら、すぐにする行動」のリストです。リストカットをしたいという衝動にかられたとき、迷わずその順番に従って動くことで誘惑を断ち、自傷行

為を回避する工夫のひとつです。

彼女には性的虐待の被害経験があり、「家でボーッとしていると、その当時を思い出し、手首を切りたい衝動にかられる」という悩みを抱えていました。

衝動や混乱、ひどい落ち込みなどの強い情動は、思考や理性、コントロールする力を奪います。そのときに備え、**前もって具体的でわかりやすい指示を、すぐ目につくところに掲げておくという工夫は、いざというとき役立ちます。**

ほかにも、「ストレスを避ける」「十分に休みをとる」「日記をつける」「ふだんと違う行動をしてみる」「ある問題行動を避けられたときの『ご褒美《ほうび》リスト』をつくる」「アロマオイルや好きな香りの入浴剤を入れてゆっくり入浴する」、なども効果的です。こうしたスキルや工夫をたくさん持っておいて問題行動を少しでも減らす心がけが大切です。

幻聴・幻視への依存

統合失調症のように、幻聴や幻視をともなう精神疾患があることはよく知られていますが、支援の現場にいると「育ちの傷」が原因で幻聴・幻視を体験しているとしか思えないケースにしばしば出会います。

ある女子大学生は、世間体をとても気にする親のもとで育ちました。両親は彼女の学校の成績にしか関心がありません。テストで90点をとっても「なぜ100点じゃない？」と問い詰められ、解けない問題があると「どうしてできないんだ！」と何時間も責められ続けられました。

高校進学後、彼女は不登校になり、家で過食やリストカットに走るようになりました。精神科に連れていかれ、そこで受けたのは、「統合失調症」という診断でした。「精神科のお世話になる娘」を恥と考えたのか、両親は彼女を地元から離れた大学に進学させました。そこで教員をしていた私と出会ったのです。

彼女は私のゼミ生だったため、診断名については事前に学内連絡で承知していたものの、普通の学生にしか見えませんでした。確かに授業は休みがちでしたが、いつもしっかりと筋が通った話しぶりで、病的な気配を感じさせなかったのです。

ただひとつ気になったのは、彼女がいつも、

「私には『リンちゃん』という友達がいるんです。見えないですけど」

と、私に話すことでした。

「リンちゃんてどんな人なの？」

と彼女に尋ねると、

「女の子です。私の考え方や行動に対しては、『好きにやれば？』って感じで、邪魔はしないです。アドバイスも否定もしないんですが、過食やリスカは途中でストップをかけてくれるし、ひどい状況のときは私の体に直接入って助けてくれるんです」

と、頼りにしている様子がうかがえました。主治医はここに着目して診断名をつけたのでしょう。


このような体験は、精神疾患の診断の有無にかかわらず、「育ちの傷」を抱えた優しくて繊細な性格の人にもみられる、というのが私の経験則です。

しかし、こうした〝お友達〟は、単に「そばにいる」だけでなく、ときに問題を引き起こすことがあるので要注意です。

ある朝、学生課から私の研究室に連絡がありました。

「いま、例の女子学生から『定期試験なのに学校に行けない、試験も受けられない』という電話があったんですが……」

さっそく彼女に電話を入れてみると、何度目かの呼び出し音のあとに応答がありました。

「どうしたの？　午後の試験、受けられないって連絡を受けたんだけど」

「……ごめんなさい」

「体調が悪いの？」

少しの沈黙のあと、彼女はこう答えました。

「リンちゃんが、学校に行くなって」

「え？」

「リンちゃんだけじゃなくて――ほかの子もいっぱい増えてて。私は学校に行って、試験受けたいんですけど」

「増えてるって、〝お友達〟のこと？」

「はい。20人くらい。みんなで部屋のドアをふさいで、全然開けさせてくれないんです、ううう……」

受話器の向こうから泣き声が漏れます。

結局、1科目も試験を受けられないまま、彼女の留年が決定しました。

主導権は自分が持つ

読者のなかにも、こうした〝お友達〟とつき合っている方がいるかもしれません。そのような存在と〝交友関係〟がある人に、必ず心得ておいてほしいことがあります。

それは、**決して相手に主導権を渡さない**ということです。

あなたと〝お友達〟が対等なうちはいいかもしれません。しかし、次第にいろいろな判断を〝お友達〟に委ねるようになると依存や服従の関係ができ、やがて「飛び降りろ」「死ね」と指示されて、衝動的に自傷や自死に及んでしまう、という危険もあります。

緊急対応が必要とまでは言えない段階なら、私は次のようなお話をすることにしています。

――そうですか、仲よしのお友達がいるんですね。よかったですね。

もしかしてあなたは、ふだん人からの頼みを断れなくて、何でも引き受けたり、人の言いなりになってしまう人ではないですか？

あと、自分が好きでない人や、いわゆるマイナス思考の人も「見えないお友達」に好かれやすいのですけど、あなたはどうですか?

こう問うと、意外と素直に認めてくれます。そこで私はアドバイスを続けます。

上手なつき合い方のコツをお話ししますね。

見えない人たちとのつき合い方も、普通の人間関係と同じです。こちらが相手に興味を示せば仲よしになる、知らん顔をしていれば、親しくなることはない。つまり、自分次第というわけです。

ですから、お近づきになったとしても、いつも心がけていてほしいことは、自分が主導権、つまりリーダーシップを握ること。

彼らとの間にルールをつくるのはあなたです。やたらと姿を現したり、邪魔をするなら、「やめてほしい」とはっきり伝えましょう。

あなたが常に強い気持ちを持っていれば、弱みにつけ込まれたり、逆に脅《おびや》かされるような困ったことにはならないのです。いいですか?

現代社会には「生きている者が優先」という秩序があります。何の心得もないままに、見えない存在との交流に強い関心を持ったり、交信をエスカレートさせるのは危険です。ましてや、「見えないもの」に依存して、言いなりになってはいけないのです。

ちなみに、〝お友達〟に振りまわされていたこの女子大学生は、その後、私の心理療法のプログラムを受けることになりました。

約3ヵ月間が過ぎて、プログラムも終わりに近づいた頃、私はあらためて「リンちゃん」について、様子を聞いてみました。すると、

「リンちゃんは……このプログラムを始めてから近寄ってこなくなりました。私と距離ができた感じです。いじわるもないです。こき使いすぎたのかな、私が。聞いても答えてくれないです。『最近どうしたの？』と問いかけても、『さあね』って感じで」

と、穏やかな口調で話してくれました。

統合失調症の治療薬で症状が消えたわけではありません。なぜなら彼女は、このときまでに自己判断で服薬をやめていたからです。

私が、見えない存在を信じる人を一概に「精神疾患」と決めつけたりしないのは、このような体験があるためです。

Case4
カオルさん

自分を人間だと思えない人

他人と比べられて育った子

自分の親や、育った環境から悪影響を受けて育った「育ちの傷」を持つ人は、ほとんど例外なく自分自身をさげすみ、おとしめるようになります。

私のもとを訪れたカオルさん（女子大学生、休学中）もそうでした。

「私は人より劣っているんです」

そう言ったかと思うと、続けて「そう考えたほうが楽だから」と付け加えます。

カオルさんの親は、我が子と他人を比べては優劣をつけ、子をなじる人でした。

「私、父親から、『なぜお前はこれができない？』と言われ続けてきたんです。父の親類はみんな賢い。私の従弟《いとこ》たちはみんな、とてもよくできる子で、父はいつも従弟たちと私を比べます。父の『当たり前』はとてもレベルが高くて……」

カオルさんは視線を床に落としたまま、私の顔を見ることもなく語り続けます。

「上手にできないならやらなくてもいいよ、なんて言ってくれる家族ではなかったです。『できないのは、努力が足りないからだ』『やればできる。人間に不可能はない』って、ずっと突き放されてきました。

あきらめも肝心って言うじゃないですか。私はできない子なんだからもういいや、って思い切れたらいいんだけど、人間みな完璧じゃないってこともわかっているんだけど――自分のなかで、できない自分が許せないんです」

そう言うと、おずおずと苦しそうな笑顔を私に向けました。紅潮した頬、大きな瞳から大粒の涙がポロポロとこぼれます。

自己否定をやめる3つのステップ

スラリとした長身。背筋をスッと伸ばして腰掛けているカオルさんの話は、しっかりと筋が通っていてわかりやすく、むしろ知的な印象を受けます。

彼女は、親に否定され続けて育ったせいで、歪《ゆが》んだ自己イメージを抱えています。しかし、「自分は人より劣っている」というそのイメージは、何の根拠もない、本人の思い込みにすぎないのです。

心理学では、物事のとらえ方や考え方のことを「認知」と呼びます。カオルさんの自分に対する認知が歪《いびつ》になっていることで、彼女の自尊感情（自分を大切に思う気持ちや感覚）はぺしゃんこになっています。カオルさんの生きづらさの源は、そこにありました。

自尊感情を回復させるためには、認知と行動にもとづく理論からなる心理療法を受けてもらうのが早道です。その過程は、大きく次の3段階にわけられます。

①心理学習　自分を好きになれない心のメカニズムの理解
②認知の修正　過去の経験で身につけた認知の歪みを、意識的に組み換える方法の習得
③定着ワーク　修正後の認知を定着させるために継続的に行う反復練習

私の研究所では通常、これらをグループで、1回90分・全5回のセッションで集中的に行っています。ただし、状況によっては個別に実施することもでき、その場合は1回60分で、その人に合わせて内容や順序を変えることもあります。

心理学習の内容は第5章で詳しく書きますので、ここではカオルさんと行った個別セッションの事例を通じて、②と③について紹介しましょう。

心理療法　2回目のセッション

初回のセッションで心理学習に臨んだカオルさんは、脳のしくみや成育環境の影響について学びました。

その日の最後に、私は彼女に「宿題」を出しました。その内容は、

・自分が対人関係でくり返している行動パターンのうち、改善したいと思うもの

・自分のなかに勝手にわいてくる「ちょっと困った考え方」

この2つを、思いつく限りノートに書き出しておく、というものです。このリストは、今後のセッションで、カオルさんの認知を探るための教材として用います。

2回目のセッションの日。

「カオルさん、宿題、やってきました？」

うなずきながら開いたノートに彼女が書いていた行動パターンは、

「『嫌』『できない』が言えない」

というものでした。

「『嫌』と言えないときに、自分がどんな考え方をしているかわかる？」

そう私が尋ねると、

「断ってはだめ、です」

カオルさんはそう答えると、理由を説明し始めました。

「断ったら相手に嫌われると思ってしまうんです。小学生のとき、友達のグループから孤立しかけたことがあって、そのときの恐怖や焦《あせ》りがあるのかも。それと、頼まれたんだから、ちゃんとやらないといけないと思う気持ちと、それから……」

「それから？」

「頼まれることがうれしい！」

そう言うと、カオルさんはこらえきれないようにうれしそうな顔を見せました。

私はホワイトボードに「断る＝嫌われる」と書き、それを指しながらこう説明しました。

「そう、こんなふうに考えているわけね。そして、頼まれたらうれしいって気持ちもあるわけですね。でも、その反面、何でも引き受けてしまって苦労してきたことはなかった？」

「はい、ありました。自分の気持ちを主張してもいいんだって、頭ではわかってるんですけど、その場になるとどうしても恐怖が勝ってしまうんです。頼まれたことを私が断ると、誰かがそれを負担することになる。それなら自分がしたほうがましだ、って思っちゃう。そうやってだんだん友達との関係がしんどくなる……」

普通に考えれば、頼みを断ったからといって必ず嫌われるとは限りません。むしろ正常な人間関係のなかでは、頼みを断るなどよくある話ではないでしょうか。

その意味で、「断ったら嫌われる」というのは単なる思い込みであり、ここに「認知の歪み」が潜んでいると言えます。その認知にもとづいて頼みを引き受け、カオルさんは常に心労を抱えていたのでした。つまり、「生きづらさ」を生み出しているのは、彼女自身の考え方なのです。

「認知の修正」と「定着ワーク」

では、どうすればこの認知を変えられるでしょうか。

まず、てっとり早い方法として行動からアプローチする方法があります。考え方はその人の言葉や動作にあらわれる、つまり、認知と行動はつながっており、行動が変われば認知も変わるという考えにもとづく方法で、行動療法と呼びます。

たとえば、**「破壊のビン」**という方法があります。これは、ネガティブな自己イメージを紙に書き、それをグシャッと丸めたあとビリビリに破いて、容器（ビンでも何でもいい）のなかに突っ込むことをくり返す、という手法です。

長年にわたり〝慣れ親しんだ〟認知を思考の力だけで変えることが難しい場合に有効で、カオルさんには最初、この行動からアプローチする方法を教えることにしました。

2回目のセッションの冒頭、私はこう伝えて心理療法を開始しました。

「今日は、この『嫌』が言えないという課題に取り組んでみましょう。最近、実際にあった具体的な場面を挙げてください」

私が促すと、これまでいろいろ苦労してきたカオルさんは、ためらうことなく次々と経験を挙げてくれます。たとえば、

「以前、学校で、友達のレポート作成を無理に頼まれ、引き受けてしまったことがありました。自分もレポートを書かないといけなかったのに」

「では、その出来事を使いましょう。レポート作成の頼みを断るとき、どんな言い方ができるかな？」

「う〜ん。『ごめん、無理！』とか？」

カオルさんは両手のひらを合わせて高く掲げ、人を拝むようなポーズをとりました。

「うん、じゃ、それでいきましょうか。フレーズを決めて練習しますよ」

私はホワイトボードに次のようなセリフを書き出しました。

A「カオル、これちょっとやっといて。私、忙しくて。5時までにお願いね」

B「ごめん、無理！　私もレポートあるから、余裕ないんだ」

A「え!?　そう？　わかった……」

B「ごめんねー」

私が「頼む側」のA役、カオルさんが「断る側」のB役になり、セリフをやり取りします。何度か練習したあと、次はホワイトボードにこんな「お願い」を書きました。

「これ、かたづけといてくれる？」

「今晩、一緒にカラオケ行かない？」

「席替わってくれる？」

「この教科書、貸してくれない？　なくしちゃったの」

「3000円貸してもらえない？　明日返すから」


こうしたさまざまな状況を想定して、同じ練習をくり返します。

私がセリフを読み上げるたび、カオルさんは「ごめん、無理！」という言葉を反復するのですが、照れくさいのか肩をすくめて、何度もノートで顔を覆います。

他愛ないロールプレイに見えるかもしれませんが、これも行動を変化させて思考に影響を与えることで問題の解決を目指す行動療法のひとつです。

その日、ひと通り練習を終えたカオルさんは、こんな感想を口にしました。

「気持ちが軽くなってすっきりしました！　断るって、本当はこんなに簡単にできちゃうんだ、って思いました。

断らなかったら他人のレポートで苦しむけど、断れたら自分のレポートが書ける、それなのに私って、判断を誤るんですね。自分のことすら十分にはできないのに、無理に引き受けて、結局やれなかったり……。人に何か頼まれると『自分なら助けてあげられる』なんて舞い上がっちゃうのかもしれない」

カオルさんの物事の受け取り方に、変化の芽生えが感じられます。

2回目のセッションを終えるにあたり、私はカオルさんにこう伝えました。

「今日からこの『ごめん、無理！』というセリフは、日常生活の場面で積極的に使うようにしてください。それから、新しい考え方を定着させるための『定着ワーク』を試しにやってみましょう。『断ってもいい』という言葉を、おうちで一定回数、くり返し言うようにしてください」

心理療法　3回目のセッション

2週間後、入室してきたカオルさんに笑顔はありませんでした。

「どうだった？『ごめん、無理！』を実際の場面で使えた？」

私がそう尋ねると、

「……地獄でした」

硬い表情で、重苦しい返事がありました。

「たぶん、『断ってもいい』っていう考えが自分で受け入れられていないから……。先生に言われた通り、家で『断ってもいい』ってくり返しつぶやくようにしていたら、だんだん『ごめん、無理！』も使えそうな気になってきたんです。

でも、そのあと、頭がごちゃごちゃになって……。やっぱり自分をしっかり変えないと、と思って、つぶやく回数を増やしました。朝昼晩に加えて毎日食後とトイレのあと、寝る前にもやるようにしたら、少しましにはなりました」

自分なりにあれこれ工夫した様子。カオルさんの熱意が伝わってきます。

「そう。それで、『ごめん、無理！』を学校で実際に使ってみた？」

「はい。少しは断ることができるようになりました」

「それはよかった。現実場面での行動療法も、定着ワークも、両方継続しましょうね」

私の言葉に無言でうなずくカオルさん。しかし、表情は暗いままです。

「顔色がすぐれないけど、何かあった？」

「先生──私、最近、過食をくり返しているんです。ストレスかな。何がストレスになっているのか、なぜ過食に走るのかがわからないです」

「断ってもいい」と言う練習が「地獄」だったと話すカオルさん。彼女の生きづらさの原因になっている「断ると嫌われる」という認知は、カオルさんが子どもの頃からとても長い時間をかけて形成されたもの。いざ修正しようとすると、心身が拒絶反応を示すことがあるのです。

このような現象を私は「抵抗」と呼んでいますが、カオルさんの過食も抵抗のひとつだと思われました。しかし、程度の差はあれ、この反応は誰にでも起こりうること。乗り越えて定着ワークを続行しなければ、彼女の人生が変わることはありません。

過食についてきちんと話してくれたことを評価したうえで、私はこう伝えました。

「そういうことは理由なく起きないの。過食をすることで、いろんなストレスを軽減しようとしている、と考えるといいかな。でもね、特効薬はないんです。今やっている練習をしっかりやって、少しずつ自分に自信をつけることが大切。それとともにおさまってきますから」

自己否定を修正する

3回目のセッション中のことでした。カオルさんはこのような話をしてくれました。

「父は私に、『もっと開き直ればいい』ってよく言うんです。でも、開き直ってもお父さんは私の意見を聞いてくれない。私が何か話そうとしても、必ずお父さんが途中から口をはさんできて、最後はいつもお父さんの言葉で終わるんです」

一見、どこの家庭にもあるすれ違いのようですが、こうした体験にも認知の歪みが隠れています。私はこう問いかけました。

「そういうとき、自分をどんなふうに思う？」

「話を聞いてもらえない私は悪い子なんだ……です」

悪いのはいつも自分、という自己否定の認知。3回目のセッションでは、これを課題にしようと決めました。

「私は悪い子」とホワイトボードに書き、私は説明を続けます。

「こう考えるとつらくないですか？」

カオルさんはコクリとうなずきます。

「そうですね。嫌な気持ちになります。では、これを気分が楽になる言葉に置き換えてみましょう。どう修正します？　どう考えれば気分が楽になってホッとしますか？」

カオルさんはしばらく押し黙ったあと、自信なげにこうつぶやきました。

「私はもしかしたら、いい子なのかもしれない……」

本来なら、「私はいい子」と言い切るべき場面。そう断言したほうが、認知の修正の効果も上がります。しかし、カオルさんのように極めて自尊感情の低い人にとって、「私はいい子だ」とはっきり言葉にすることは、あまりにもハードルが高いのです。

今はまだ、「もしかしたら」と「かもしれない」をつけ、弱めた表現で定着ワークを行ったほうがいい――私はそう判断し、このように伝えました。

「OK。じゃ、『私はもしかしたら、いい子なのかもしれない』を追加して、定着させましょう。断る練習に加えて、今日からこの言葉を、おうちで一日に何度も何度も口に出して、自分で決めた回数をこなしてきてください」

新しい認知は、このような反復練習によって定着させることなしに習慣化することはありません。この日からカオルさんは「定着ワーク」に本腰を入れました。

心理療法　4回目のセッション

4回目のセッションの冒頭、私はカオルさんにこう話しかけました。

「カオルさん、定着ワークはどうだった？　その報告からお願いします」

すると、すっかり慣れた口調で、カオルさんはノートを読み上げます。

「はい。『断っていい』は、はじめは頭のなかがごちゃごちゃになりましたけど、今はくり返しが苦ではなくなりました。なので、実際に断ることができるようになってきたと思います。ほかの言い方のバリエーションも増えて、すごい楽になってきました」

「それはよかった。自分のなかでどんな感じがありますか？」

「血管に血液が通った感じ、感覚がよみがえったような……」

少し風変わりな表現ですが、心と体はつながっています。心理療法のなかでこうした身体感覚の変化を口にする人はめずらしくありません。

「もうひとつの定着ワークは、どうでした？」

「ええと……『私はもしかしたら、いい子なのかもしれない』は……、前回のセッションが終わった日の、その夕食後に初めてやってみました。

そうしたら苦しくなって、5回言うのに50分くらいかかって、身悶《みもだ》えしました」

5回で50分、1回言うのに10分かかったことになります。

彼女は「自分をほめる」作業をしているわけですが、この「自分をほめる」ことに苦戦する人は非常に多いと言えます。「育ちの傷」を抱えた人は、自分はだめ、いいところなど何ひとつない、という自己否定の考えを強く持って生きてきたためです。

これも先ほど述べた「抵抗」が原因ですが、カオルさんくらい強烈に出ることは稀《まれ》と言えます。私は思わず記録の手を止め、彼女の顔を見つめました。

しかし、ここで手を緩め、セッションを中断するわけにはいきません。抵抗が強い言葉ほど、その人にとって必要な修正なのです。

「そう、それはたいへんでしたね。でも、苦しくても定着ワークは続けましょう」

私はさらりと伝えました。


定着ワークの報告を終えると、その日も新たな認知を修正する作業に入りました。私はカオルさんを促します。

「さて、次の課題にとりかかりましょう。今日、取り扱いたい問題をひとつ挙げてください」

彼女はおずおずと手元のノートをのぞきこみました。初回のセッションのあとに書いてきた「行動」と「考え方」、それぞれの課題が箇条書きになっています。

カオルさんは、そのなかのひとつを指差してこう言いました。

「ええと……『私は醜い』です」

その言葉を私がホワイトボードに大きく書き出すと、彼女はこれを選んだ背景を説明してくれました。

「私、過食を平均一日2回のペースでやっています。ほんとは食べることが嫌。食べてもおいしくないのに過食してしまう。嫌なら寝ればいいのに、起きたあとのむくみとかが怖くて、ずっと起きてて食べては吐くをくり返しているんです」

苦しさを絞り出すように語り続けるカオルさんの目はうつろでした。

「だから、夜中にワーッて気持ちになるんです。ただでさえ鏡なんか見たくないのに、鏡があるんですよ、うちには。だから、私は鏡のなかの自分に向かっていつもこう言うの。醜い、気持ち悪い、できそこない、死ね、バカ、ゴミ！　って」

そこまで言うと、カオルさんの大きな目に涙が膨れ上がり、ポトポトとノートの上に落ちました。

「――つまり、先生、私は、自分を、人間だと思えないんですよお」

そこからはもう言葉が続かず、机に泣き伏してしまいました。

「そうやって自分いじめをしてきたんですね。でも、その考え方はもう手放しましょう」

こう伝えて私は、認知の修正作業を進めます。

「さあ、自分を人だと認める言葉、自分のよさを再認識できる言葉にはどんなものがありますか？　一緒にさがしましょう」

酷なようですが、泣いても問題は解決しません、セッションの時間にも限りがあります。今カオルさんに必要なのは、心理療法を進めて自尊感情を取り戻すこと、それ以外にないのです。

しかし、私が促しても、彼女は適切な修正の言葉をたやすく見つけることができません。これは想定内です。その人にとって重要な課題ほど手こずるものだからです。

しばらくの間、互いに案を出し合い試行錯誤した結果、カオルさんが選んだ言葉はこれでした。

「私はかわいくないわけではないのかもしれない」

否定に推測をつけた、婉曲的《えんきょくてき》で、とてもまどろっこしい表現。しかし、今のカオルさんはこんな言葉を口にするのが精一杯なのです。

「わかりました。それにしましょう。どうしても言葉が口から出てこないようなら、紙に書き出すだけでもいいですからね」

カオルさんはその夜から、「私はかわいくないわけではないのかもしれない」の定着ワークにとりかかりました。

心理療法　5回目のセッション

5回目のセッション。カオルさんはいつも通り約束の時間に来てくれました。

「どう?」

私が声をかけると、微笑《ほほえ》みが返ってきました。

「先生、なんか変わってきました」

カオルさんはそう答えると、今日までの報告を始めます。

「……なんか違和感があって。これって、変わろうとしている自分なのかもしれないんですが、何かが代わりに入ってきた感じがするんです」

彼女が口にしているのは、感覚のちょっとした変化にすぎません。ですが、こうした小さな変化こそ、その人が変わろうとしている兆候。「気のせい」などと切り捨ててはいけないのです。

この日のセッションでカオルさんは、両親について今の考えをこう話してくれました。

「『なんでもっとがんばらないんだ』っていうお父さんの言葉は、まだ浮かびます。そしてその隣でため息をつくお母さんの横顔も。だけど、もしかしたら彼らは、私が変わっていくのが嫌なだけなのかもしれない」

悪いのは自分じゃなかった。両親は私に、自分たちの思い通りの人間になってほしいだけだったんだ——そんな言葉も聞けました。カオルさんはようやく両親を冷静に分析し、自分を責めることのない「別の見方」ができるようになってきたのです。

続けてカオルさんは、自宅で行っていた定着ワークの様子をこう教えてくれました。

彼女の語りのまま紹介します。


「私はかわいくないわけではないのかもしれない」——これはとても厄介な言葉でした。最も恐れていた修正の言葉がやってきた感じです。

私は書いて、それを読む、という方法をとりました。ひとりで暮らす部屋で、時間を忘れ、書けるだけ書き、言えるだけ口にしました。

書いてるときは、文字を文字と判別できず、まるで暗号を書いているようでした。書き終わってひと息ついて、次にそれを見ながら口に出していると、苦しくなって、泣けてくる。そのたび、「あー、ごめんなさい、ごめんなさい！」と、誰かがいるわけでもないのに、むやみに謝っていました。

自分ごときが自分をほめてしまって申し訳ないと、まだ自分を「だめ」と思ってる自分、今までの自分を認めたくない自分が言ってしまう。

でも、でも、次第に、これまでと違う「ごめんなさい」も混じっていることに気がついた。それは、「自分は間違ってた。今まで自分をいじめてごめんなさい」、そんな言葉だった。生まれ変わろうとしている自分がそこにいたのかもしれない。

こうしてカオルさんは、1年で大学に復帰することができました。

ひとつ年下の学生と学び、無事にすべての単位を取得できたのです。現在は社会福祉法人に就職し、障害のある人たちの支援をしています。

第5章

自分を肯定して生きる

あらためて振り返る「3つのステップ」

ここまで、支援機関の選び方、医療とのつき合い方、依存から脱却する方法など、さまざまな観点で書いてきました。しかし、「育ちの傷」がある人の苦しみは、それだけで解消されるものではありません。

生きづらさと決別するうえで最も重要なのは、苦しさを抱えている本人が、自尊感情を取り戻すことにあります。

くり返しになりますが、自尊感情とは「自分を好きだ」と思える気持ちです。自分のよいところも悪いところも受け入れて、自分を大切に思う感覚、と言い換えてもいいでしょう。人が人らしい幸福感とともに生きていくうえで欠かせない、基本的な感情です。

Case4のカオルさんのところで紹介したのは、この自尊感情を実際に回復させた心理療法の場面でした。その過程をあらためて書くと、次の3つにわけられます。

①心理学習　自分を好きになれない心のメカニズムの理解

②認知の修正　過去の経験で身につけた認知の歪《ゆが》みを、意識的に組み換える方法の習得
③定着ワーク　修正後の認知を定着させるために継続的に行う反復練習

ここでは、自尊感情を回復させる作業をひとりで始める人のために、このプロセスをあらためて解説したいと思います。

まず、生きづらさの原因となっている「心のメカニズム」について説明します。

次に、「育ちの傷」のある人が抱えがちな「認知の歪み」（自分をしんどくさせる考え方）を、そしてそれを上書きするための「認知の修正」（自分を楽にする考え方）について、実際の修正事例を交えて紹介していきます。

「自動思考」からネガティブな感情が生まれる

すでに触れましたが、物事のとらえ方や考え方のことを「認知」と呼びます。

この「認知」が人それぞれ違っているため、そのときの感じ方や気分は、100人いれば100通り存在すると言えます。

よくあるたとえですが、あなたの目の前にグラスがあって、ちょうどその半分までワインが注がれたと想像してみてください。それを見て、

A〈半分も入ってる。うれしいな〉

と考える人もいれば、

B〈半分しか入ってない。がっかりだ〉

と考える人もいます。どちらも誤りではありません。

しかし、見るもの聞くものすべてについて、Bのようにマイナス面にのみ着目し続けたら、どんな毎日になるでしょうか。生活のなかで悲しみ・不満・苛立《いらだ》ちなどのネガティブな感情がどんどん蓄積され、それはやがて「生きづらさ」となって人を苦しめ始めるはずです。

このように、**物事に対する思考・解釈は人の感情や気分に影響を与え、行動を決める要因となっています。**こうした「物事のとらえ方と気分の関係」に着目し、そこに働きかける心理療法が、「認知行動的アプローチ」です。

認知行動的アプローチを発案したのは、アメリカのある精神科医でした。その精神科医は、うつ病を患《わずら》う人が共通して「悲観的な思考」をする傾向があることに気づきました。

うつ病の患者に見られる、

- **何かに失敗すると「次も失敗する」ととらえる**
- **成功を収めることができても、「次は無理だろう」と考えて落ち込む**

などの、根拠もなく常に物事を悪いほうへ考える「思考の癖」「思考の偏り」を指摘したのです。

このような有害な考え方のうち、瞬間的に、そして頻繁に出現するものを「自動思考」と呼びます。ここでは代表的なものを8つ、挙げておきます。

白黒思考

完璧主義で「0か100か」「敵か味方か」「できたかできないか」など、グレーゾーンのない極端な考え方をしてしまう

過度の一般化

たとえば「今日嫌なことがあったから、この先もずっと不幸に違いない」など、わずかな出来事から広範囲なことを結論づける

心のフィルター

「自分にはよいところなど、ひとつもない」などと、プラス面を無視してマイナス面ばかりに目を向ける

結論の飛躍

電話をかけても相手が出ないときに「私を嫌っているから電話に出ないんだ」と決めつけるなど、確たる根拠もないのに悲観的な結論を出す

拡大視と過小評価

資格試験に合格しても、「こんな試験、誰でも合格できる」と卑下するなど、よいことは小さく、悪いことを大きく見積もってしまう

感情的決めつけ

「不安でたまらない。だからきっと失敗する」など、そのときそのときの感情にまかせて事実や出来事を見てしまう

べき思考

役割や性別に固執し、「母親だから○○であるべき」「男だから××すべき」などと自分や他人を縛る考え方をしてしまう

自己関連づけ

何かよくないことが起こると、原因がまったく別のところにあっても「自分のせいだ」と思い込んでしまう

自動思考はほかにも数多く指摘されていますが、この自動思考と「育ちの傷」は、どう関係するのでしょうか。

ネガティブな感情は「問題行動」につながる

人は、過去の体験や記憶にもとづいて現在を解釈し、未来を予測するものですが、そのなかでも育った家庭において親との間で経験したことは、原体験として私たちの物事のとらえ方に影響を与え続けます。私たちが現実を解釈するための「フィルター」が、親から与えられると考えてもいいでしょう（「信念」や「belief《ビリーフ》」ともいわれます）。

たとえば、いつも不平不満をこぼす親のそばで育った子は、「この社会は理不尽で信用ならない」というフィルターを通して世の中を見るかもしれません。

また、カオルさんのように、常に人と比べられ、「お前は出来が悪い」と親から言われ

続けて育った人は、「自分は人より劣っている」というフィルターを通してすべての現実をとらえます。

こんな人が、100点満点のテストで99点をとったとすると、

〈あと1点とれなかったのは、自分がだめな人間だから〉

と考えてガックリと落ち込んでしまいます。普通なら大喜びしてもいい点数なのですが、「自分は人より劣っている」という決めつけが根本にあるため、プラス面ではなく、マイナス面にのみ着目してしまうのです。先に紹介した「心のフィルター」や「拡大視と過小評価」などの自動思考が、ここにみられます。

この「自分は人より劣っている」という思い込みが、その人をしんどくさせる「歪んだ認知」と言えます。偏った物の見方を通してあらゆる現実を解釈するせいで、〈あと1点とれなかった〉という否定的な現実だけが強化され、「否定的な思考」が生み出されます。

この「否定的な思考」は、重い気分、苛立ち、焦《あせ》りなどの「嫌な感覚」へと姿を変えてその人の感情を損ない、不安定にします。さらにその感情は「行動」というかたちで周囲の人に向けられ、対人関係や対人場面で望ましくない結果を招いてしまうのです。

たとえば、行動が暴言・暴力などの他害的なものであれば、周囲との軋轢《あつれき》やトラブルの

原因となるでしょう。本人は、失敗ばかりしている自分をもっと嫌いになることでさらに気持ちが落ち込み、自己評価は低下し続け、自尊感情がぺしゃんこになります。これが生きづらさを作り出す「心のメカニズム」です。

「育ちの傷」がある人は、感情が不安定になりやすく、対人関係がうまくいかないことが多いのですが、それはこうした負のループが「生きづらさ」を加速させてしまうからです。

この場合、すでにおわかりだと思いますが、**すべての元凶は、「自分は人より劣っている」という認知の歪みにあります。**

よけいな苦労のない、自分が心地よく生きられる人生を手に入れるためには、こうした認知を修正していく必要があります。**自分を苦しめる考え方ではなく、ルールに縛られない、自分を楽にする考え方を選べるようになること**、それが、カオルさんが実践した「認知の修正」です。

すべての認知を修正する必要はありません。認知のなかでも、とくに自分の生きづらさにつながっているものから取りあげて修正をかけ、定着ワークを継続すれば、ほかの認知にもよい影響が広がっていきます。

そして、修正した考え方を習慣に変える方法が「定着ワーク」です。これは新しい考え方を言語化して脳に刷り込む作業であり、「脳の上書き」と考えてもいいでしょう。

基本は、口に出して唱えることです。耳を通して自分に言い聞かせることが大事です。早く変わりたい人は、できれば一日合計100回を目標に、最低でも毎日50回は言葉にしてくり返してほしいものです。一日分を一気に言葉にするよりも、3～5回程度にわけて朝昼夜、車の運転中や入浴時などに実行すると効果的で、継続しやすいと思います。

そのほかにも、紙に書き出してトイレや洗面所に貼る、何度も書く、スマホに録音して聞くなど、いくつかの方法を組み合わせて視覚や聴覚をフル活用することで、さらに効果は増します。

定着ワークは、古い考え方と新しい考え方の闘いです。何十年も抱え続けてきた認知を修正することは、容易ではありませんし、一朝一夕にはいきません。カオルさんのように、強い「抵抗」に阻《はば》まれて立ち往生してしまう人もいます。

しかし、完璧を求めなければ効果は思いのほか早くやってきます。「気がついたら気分のよい日が増えた」「人を恐れなくなっていた」という感想を、実践した人から数え切れないくらい聞きました。

この社会に生きている限り、私たちはストレスとは無縁でいられません。その意味で認知の修正と定着ワークにゴールはないのですが、まずは3ヵ月間を目標にしっかり継続してみましょう。

あとは、細々とでも毎日やり続ければ、効果は維持できます。もちろん忘れる日があっても構いません。また始めれば大丈夫、完全にやめてしまわなければ、振り出しに戻ったりはしません。

以下では、私が出会った相談者が実際に行った修正の例を、エピソードとともに紹介していきます。参考になるものがあれば取り入れて実践してみてください。

認知の修正例 1

×「自分に価値はない」→○「この自分でいい」

30代の男性Uさんは、感情的な母と、母に虐《しいた》げられる父のもとで育ちました。母親は暴力で家族を支配する人でした。そのためUさんのきょうだいも精神的に不安定に育ち、よく感情を爆発させていました。末っ子で周囲とコミュニケーションをとるのが得意でなかったUさんは、たびたび家族の攻撃の的になったといいます。

Uさんは子どものときに周囲から「少し変わった子」と見られていました。発達の偏りがある子どもはしばしば、その育てにくさや特性から、家族から冷たくされ、つらい子ども時代を送ることがありますが、Uさんもそうでした。

ことあるごとに母親から「お前はおかしい」と責められ、登校がつらくなったときにも、「努力が足りない。怠けているんだろ」と受け入れてもらえませんでした。そのため、「自分はおかしい人間なんだ」という思いを強めてきたのです。

それでも、いつも気を張って周囲になじむ努力をしたり、周囲に受け入れられるよう「自分の特性（個性）」を殺して「普通の人」になろうと努めてきたUさん。しかし、誰も味方になってくれず、自分の存在を呪い、自分いじめを続けるしかありませんでした。

私が初めてお会いしたときのUさんは、険しい表情で、緊張が強く、たびたび言葉を詰まらせていました。大人になった今でも、人と接するときは不安や恐れを強く感じてしまい、うまく話せないことに悩んでいると言います。

「ずっとこうなんです。自分は何も変わっていないのでは……」

と苦悩の表情で声を震わせていました。

Uさんが家族から刷り込まれた否定的な認知は、「素の自分では受け入れられない」「本当の自分は価値がない」というものです。こんな考えを抱えていてはつらいはずです。

これを修正するにはどうすればいいか、Uさんと一緒に考えてみました。すると、次のような考え方が出てきました。

「人の価値は他人には測れない」

「全部自分」

「どんな私も大切」

「みんな誰かのセラピスト」

「ひとりには必ず好かれる」

「誰かのために自分を愛そう」

Uさんはこのなかから「みんな誰かのセラピスト」「誰かのために自分を愛そう」の2つを選びました。否定的な考えを修正するためには、誰のためでもなく「自分自身がホッとする考え方」を選ぶことが大切です。彼にはこの2つのフレーズが心にピタリと収まったようです。

その後Uさんは、一日100回を目標に、定着ワークに励みました。

スマホの待ち受け画面に自分で選んだ言葉を貼り付け、トイレでそれを見てつぶやき、車の運転中に大声でリピートしたりと、頭にたたき込む努力をあれこれ続けたのです。

こうして新しい考えを脳に刷り込む作業が進むにつれ、Uさんは、

〈自分の生まれつきの特性とうまくつき合っていけばいいだけなんだ〉

そう考えられるようになりました。そもそもの問題は自分ではなく、自分を感情のハケぐちにした家族こそが抱えているのだと理解することもできたようです。

「これまで『こんな自分はだめ。もっと善人にならないと』『課題はすべて解決しないと』と、ずっとがんばってきました。でも、最近やっとその癖をやめられるようになってきました。ゴールに到達しなくても、そこまでの過程に価値があるって気づけましたし、自分も誰かにとって必要な人間であるなら、自分を大切にしないといけないとって思えます」

こう言ってUさんは「悩みも問題もあって、それで順調」と、吹っ切れた笑顔を見せてくれました。

認知の修正例 2

✕「……してはいけない」→○「……していい」

「お店を持ちたいと思うけれど、勇気が出ない。きっと失敗する」

そう話す女性が相談に訪れました。私は尋ねました。

「どうしてきっと失敗すると思うのですか？」

「私は何ひとつうまくできたことがないから」

「なぜそう考えるようになったのでしょう？」

「母に、しょっちゅうそう言われていたからです。『お前は何ひとつうまくやれたことがない子だ』って……」

肩を落とす彼女に、私は重ねてこう問いかけます。

「母親があなたに言ったことは本当？　事実ですか？　あなたは実際、今まで何ひとつやれたことがないのですか？」

すると女性は頭を左右に振ります。

「いえ、そんなことはないです。この歳《とし》ですから、やれたことは……いろいろあります」

「では、なぜ『何ひとつやれたことがない』と決めつけているのでしょうね」

すると女性は首をかしげて、「なんででしょう」と困った顔を見せました。

自分に自信を持てない人は、自分はこんなにだめな人間だから、「〇〇すべきだ」「〇〇してはいけない」などと、たくさんの制約をつけて自分を苦しめているものです。

たとえば、子ども時代に親や養育者から「お前は役立たずだ」「お前はバカでみっともない」などの言葉を投げつけられたとします。すると子どもはこれを強く胸に刻み、「自分は何の役にも立っていないのだから、こんな高価なものを食べてはいけない」「自分はみっともないのだから、こんないい服を着てはいけない」など、数々の「〇〇してはいけない」という禁止令で自らを縛りつけます。

このような**「できない」「してはいけない」という規制は単なる思い込み**で、そこに何ら根拠はありません。錯覚のようなものですから、さっさと捨て去ってその代わりに、

「失敗してもいい。やりたいことは行動してみよう」

「自分を否定するのはやめよう。うまくやれたことを思い出そう」

こうした言葉で認知の修正をすることです。

認知の修正例 3

×「人は恐ろしい」→〇「相手を信じよう」

Ｆさんは、両親から暴力や養育放棄などの苛酷な扱いを受け、喜びや希望を感じられない青年期を送った男性です。定年を迎え、やっと余裕ができたからと研究所を訪れました。

ご本人は、そんな自分を「生ける屍《しかばね》だった」と振り返ります。進学、就職、そして人生の折り返し地点を過ぎてなお、人と接する場面で強い恐れを常に感じていると語りました。

たとえば、飲食店やホテルの従業員と対面するだけで緊張し、〈バカにされているのではないか〉という被害的な感情がわき上がります。

通常、店員さんやフロント係から攻撃を受けるなどは考えにくいことです。これはＦさんが、「人は恐ろしい」「私は歓迎されていない」という思い込みに強くとらわれている証拠でした。安心できる子ども時代を過ごすことがなかった人は、たとえ自分が「お客様」の立場であっても相手を脅威と感じてしまうのです。

そこで、Ｆさんが長年の苦しみから一日でも早く逃れたいと選んだのは、「相手を信じよう」という言葉でした。定着ワークにはゆうに一日１００回以上、取り組みました。

約半年後、Ｆさんから私の研究所に届いたメッセージは喜びにあふれていました。

「とてもうれしい。こんなの初めてです」

そんな言葉が添えられていました。

その後もひとりで気持ちにしっくりくる言葉を考えては定着ワークを毎日欠かさずやり続けた結果、スーパーやコンビニのレジの店員さんと挨拶を交わし、二言三言、会話できるようになったそうです。


Fさんは、ほかにも自分を苦しめる考え方をいくつも抱えていました。そのなかには、

「自分は相手を不快にさせてしまう」

「宴会や飲み会が盛り上がらないのは、全部自分のせい」

などがありました。しかし、それらも「自分のせいじゃない」と一掃してしまうことで、いつも動揺して追い詰められていた気持ちがどんどん楽になったと伝えてくれました。

一方、長年、孤独に悩み抜いたFさんですが、幸いなことにシニアになってからよいパートナーを得ることができました。これをきっかけに、

「素敵な妻を見つけた自分は優秀」

という言葉を自分にプレゼントすることにしたそうです。このように自分のよい面は素直に認め、しっかりほめることも大切なポイントのひとつです。

認知の修正例 4

×「私は不幸」→○「これも幸せかもしれない」

ある日のこと、初老の男性が相談のために来所しました。

深くかぶった帽子の奥から、暗いまなざしを私に向けてこう訴えます。

「まわりはみんな幸せだ。こんな歳になっても苦労が多いのは自分のせい、自分の努力が足りなかったからだ。私は一度も幸せを感じたことがない。どうしたらいいでしょうか」

「一度も、ですか?」

「はい。これまで一度も、幸せだと思ったことがありません。仕方なく生きてきました」

と力なく答えます。

「育ちの傷」を抱えた人は、「うれしい」「楽しい」などのポジティブな気持ちを無視したり、押し殺して否定しがちです。長年、自分の感情と向き合ってこなかったため、素直に気持ちをつかみとって受け入れる力が鈍っているのです。

いいことが起こっても、

〈自分に幸せが訪れるはずない〉
〈こんな気持ちはとうてい幸せとは呼べない〉
〈本当の幸せとはほど遠い〉

と、幸せな気分を頭から打ち消してしまう一方で、「幸せとはこういうもの」という幻想や、「価値のない自分」を忌み嫌う気持ちだけが膨らみ、彼の生きづらさとなっていました。

しかし、「幸せを感じられない」という人であっても、日々の暮らしのなかで気分が上向くことは必ずあるはずです。**ほんの少しでも楽しさ・快さを感じたら、その感覚を疑わず、素直に受け入れる心がけが大切です。**

作家の中島らも（故人）は、「幸せは点だ」と語りました。確かに、ひとつひとつの「幸せな瞬間」は、長続きしないかもしれません。しかし、「存在しない」と決めつけるのは感心しません。瞬間的な幸福感は日常のなかにたくさん転がっています。たとえば、

自分がたまたま落とした物を誰かが拾って手渡してくれたとき
お腹《なか》がペコペコに空いた状態で帰宅して、やっと熱々のご飯にありつけたとき

寒いなかで一生懸命に働いたあと熱いお風呂《ふろ》に身を沈めるとき
暑いなかで汗を流したあと食卓で冷えたビールを口にするとき
このような、思わず顔がほころぶ瞬間は、誰にでもあるもの。それを認めず、即座に切り捨ててしまうから、いつまでたっても幸せに出会えない自分がいるのです。

ぜひとも、次のように考え方を変えてください。

・**「自分は不幸だ」と決めつけるのをやめる**

同時に、「自分は最悪ではないのかもしれない」「これも幸せかもしれない」などの言葉をお守りとしてくり返し言うようにしましょう。

・**「自分にないもの」を数えるのをやめる**

かわりに「自分にあるもの」を数えて紙やノートに書き出しましょう。自分の健康や友人、思い出などを含めるならば、まったく何も持ち合わせていないという人はいません。

・**「幸せ」に対するイメージを改める**

幸せを、苦労の末に発見する宝物や埋蔵品のようにとらえてはいないでしょうか。人生とは、生活のなかでふと出合う「小さな安心」や「ホッとする感覚」、これらをくり返し発見し、味わう旅である、そうイメージを改めてみましょう。

このように意識を変えてふだんの暮らしを続けていると、そのうち不意に「あ、今の感覚、もしかしてこれが幸せというものかも」と思える瞬間が必ずやってきます。その感覚をどんどん増やせたとき、長かった「幸せさがし」の旅も、終わりを迎えるに違いありません。

認知の修正例 5 ×「『××』と言われた」→○受け流す

他人の何気ない一言に傷ついた経験は、誰にでもあると思います。すぐに忘れられればいいのですが、なかにはその一言に何年も、何十年も縛りつけられたまま、という人がいます。

たとえば私は、こんな男性と会ったことがあります。彼は子どもの頃、担任の教師に、「あなた、変わっているわね」と言われたことがあるそうです。そのときから男性は、〈自分は変わっている＝だめな人間〉という考えに囚《とら》われるようになりました。

結局、40代になってもその言葉が頭から離れず、つらさから逃れようと精神科の処方薬に頼り、かえって苦しみを深めてしまいました。そんな人に私は、

「人の言葉をまじめに受け取るのをやめる」

「人の言葉に対する執着を捨てる」

この2つをおすすめしています。

国民性なのか学校教育のせいなのか、私たちは、「まじめなこと、よく考えること＝よいこと」という方程式を、何の疑いもなく受け入れてきました。しかし、いい加減すぎるのも、まじめすぎるのも問題があるのです。

また、ひとつの言葉にこだわり、それがずっと頭から離れないのは、裏を返せばその言葉に「執着」しているということです。つまり、自分の執着が「育ちの傷」を深くしているとも言えるのです。

相手が家族であれ親しい友人であれ、**心を傷つける言葉を真正面から受け止める必要などありません。**意識的に「受け流す」「とりあわない」「無視する」、これでいいのです。

より具体的には、次のような工夫が役立ちます。

▼**物事の受け止め方は「軽く」**

何事も「たいしたことではない」と考え直し、そうつぶやいてください。真に受けずさらりと流す、と決心することが大事です。

▼**深く考え始めたら「行動でストップ」**

思考は何か行動を始めることでストップできます。〈考え始めた！〉と気づいたら、すぐに好きな音楽をかけて歌う、楽器を弾く、ジョギングに出るなど、手軽に気分転換できる行動をあらかじめ決めておくのがコツです。

▼**堂々巡りする前に「別のことを考え始める」**

自分がひとつの考えをグルグルと反芻《はんすう》し始めていることに気づいたら、意識的に「別の思考」に切り替えます。人間の脳にある「一度に2つのことを考えられない」という特性を利用するのです。

ある男性は、職場で上司に言われた嫌みが自分の頭をグルグルまわり始めた、と気づいたら、まず「自分の得意料理のランキング」を考え始めるそうです。もしくは、頭のなかで、上位3位のレシピとその調理手順を、自分に対して解説し始めます。そのうち没頭して、〈あれ、さっきは何を考えてたっけ〉と気分が変わっていることに気づく——そんな方法で思考を切り替えていました。

その他、好きなスポーツチームの選手全員の名前を挙げる、同級生全員の姓名を口に出してみるなど、何でも構いません。ただ、いずれの場合も、いざというとき「何を考えるか」を前もって決めておくことが大切です。

トピックス3

認知の修正のためのフレーズ集

「育ちの傷」がある人にとって、自分を肯定する言葉を考えて唱え続けるのは簡単ではないと思います。「思いつかない。でもやってみたい」という読者のために、相談者が実際に考えた認知の修正の一覧を「例文」として紹介しておきます。

認知の修正はどんな言葉で行っても構いません。「自分がホッとできて、くり返し唱えやすい肯定的な言葉」であれば何でもいいのです。

例文のなかから言いやすい言葉を選んでもいいし、自分なりにアレンジしたり、オリジナルを考えて定着ワークに取り組むのもありだと思います。ただし、長すぎるフレーズや否定的な言葉は修正に向かないので、避けるようにしてください。

いざ定着ワークを始めると、違和感を覚えるかもしれません。しかし、誰でも最初は「そう思えない」ものなのです。そこでやめずに辛抱強く続けると、早い人ならその日のうちに、遅い人でも1～2週間くらいで気分や行動が変わってきます。

イメージトレーニングではないので、何か具体的な場面を想像する必要はありません。大切なのは「唱える回数」であり、「質より量」です。多くても5つ～6つ程度でフレーズを選び、気軽に取り組んでみて、「もう身についた」と思えたら別の言葉と替えます。そうやって続けていった先で「本当の自分」と出会えます。

〈歪みのある認知〉		〈修正の言葉（例）〉
私さえ我慢すればいい	→	嫌なことは嫌と言っていい
私は楽しんではいけない	→	私も楽しんでいい
すぐに決めなければ	→	答えが出ないこともある
親なんだから子どもを正しく育てなければ	→	親だって完璧じゃない
私は人を怒らせる	→	私のせいとは限らない
私にはよいところなんてひとつもない	→	私にもよいところはある
きっとうまくいくはずがない	→	うまくいくかもしれない
仕事が遅い私は価値がない	→	それでも毎日がんばれている
私はみんなからバカにされている	→	みんなそんなに気にしてない
私は人に尽くすべき	→	自分を優先してもいい
どうせ自分なんてだめ	→	私はよくがんばっている
この先の人生もよいことなんてないに決まってる	→	先のことはわからない。よくなるかも
私は人より劣っている	→	私にもいいところはある

みんな私を嫌っているに違いない → 話せる人もいる

あの人はいつも私の邪魔をする → 思い通りにいかないこともある

きっとみんな私より幸せに違いない → 私の人生もまぁまぁうまくいってる

これに失敗したら人生は真っ暗だ → 失敗から学べることもある

私が悪いに決まってる → 私だけのせいとは限らない

人を嫌ってはいけない → 合わない人もいる

世の中の人はみんな敵だ → 味方してくれる人もいるかも

弱みを見せたらつけこまれる → 弱みにつけこむ人ばかりではない

私は家事も育児も満足にできていない → できることだけやればいい

子育てがうまくいかないのは私の愛情不足のせい → 大丈夫、信じて成長を待とう

私は相手を喜ばせないといけない → 自分の機嫌だけとっていればいい

私は根気がないから、何をしても続かない → 続けられていることもある

私の人生には大成功がない → 大成功しなくていい

学歴のない私は絶対成功しない → 学歴と人間性は別。人間性は私のほうが上だ

私なんか一生稼げるようにならない → 生活できるだけ稼げれば十分

イライラしてしまう私は未熟 → イライラする日もある。よい日も悪い日もある

人生を無駄にしてはいけない → 無駄なことはない。どんな時間も大切

出産、就労、どちらかで社会の役に立たねば → 社会の役に立つ方法はいろいろある

人に助けを求めてはいけない → 助けを求めてもいい

みんな私と同じくらいがんばってよ！ → それぞれの生き方（やり方）があっていい

子どもは厳しく叱って育てるのが正解 → 親子で笑顔でいられるのがいちばん

私みたいな甘い人間は何をやっても無駄 → 結果がどうでも私は私が好き

相手の言うことが正解に決まってる → 私の気持ちも正解

妻ならどんな夫でも支えないと → 自分のお尻は自分で拭かせよう

仕事や家族のためなら自分を犠牲にすべき → 少しくらい自己中でいい

しんどすぎて何も手につかない私はだめな人間だ → 5分間だけやろう

私といたらみんな楽しくないのでは → 大丈夫、私は誰の気分も害してない

私が何とかしなければ → 私には関係ない。相手の問題

ネガティブな感情は出してはいけない → 人間だもの、少しは感情を出していい

子どもの人生は親が責任を持つべき → 関わりすぎないのが愛情

相手から否定されたらどうしよう ――――▼ 大丈夫、意見が違うだけ

夫婦ならよりよい関係を目指すべき ――――▼ 期待しない。いろんな夫婦がいる

あとがき

あらかじめフレーズを決め、くり返しつぶやいたり、唱えたり、紙に書いて定着させる――認知の修正プロセスは、その作業だけを見ればとてもシンプルです。

読者のなかには、その単純さに拍子抜けした人がいるかもしれません。あるいは、「毎日100回もくり返すなんてたいへん」と、抵抗を感じた人もいるでしょう。

こうした作業をしつこくくり返すのには理由があります。

ある場面で瞬間的に認知を修正しても、別なトラブルに巻き込まれるたび、すぐにまた落ち込んでいては、いつまでたっても「育ちの傷」からは解放されません。

大事なのはその場限りの修正ではなく、バランスのとれた考え方を「習慣化する」ことです。つまり、自分が心地よくいられる思考を「し続ける」ことにあります。

当事者の内に巣食う「歪んだ認知」は、過去何十年にもわたってくり返し脳に刷り込まれ、刻み込まれたものです。それを根こそぎ上書きし、新たな考え方を習慣化するには、肯定的な言葉をしつこく唱え続けて〝再洗脳〟する以外に方法はないのです。

本書で紹介したのは、私が実践している短期の心理療法「ＳＥＰ（Self-Esteem Program《セルフ エスティーム プログラム》＝自尊感情回復プログラム）」の骨子です。いわゆる認知行動療法の手法（認知行動的アプローチ）をベースに、独自に考案したものです。

Ｃａｓｅ4で詳しく紹介したように、ＳＥＰは個別でも行えますし、本書を参考にすれば認知の修正と定着ワークはひとりでも行えます。

しかし、ＳＥＰは5～6人のグループで実施することで次の2つの効果が得られます。まず、同じような悩みを持つ人と受講することで、自分自身の状況を客観視でき、孤独が軽減されます。次に、さまざまなバリエーションに富んだ認知の修正を体験できるので、より深い気づきが得られます。

そのため、私の研究所ではグループワークをメインにしており、ファシリテーターが中心となって、参加者全員による「ディスカッション方式」で進めています。

ＳＥＰは通常、事前・事後の面談や3ヵ月後のフォローアップ以外に、90分のセッションを2週間おきに5回受講します（認知行動療法では、実施機関によって差はありますが、通常30分の面接を16～20回行うのが基本とされています）。

参加者が必ず行う自宅での認知の定着ワークについては、一定期間続けることで、自尊感情が回復したという実証データがあります。詳しくは前著『親に壊された心の治し方』（講談社）を参照してください。

生きづらさを減らす方法には、簡単に出合えません。この先どれほど科学が進歩しても、その状況が大きく変わることはないでしょう。

また、「育ちの傷」を抱えているといっても、人それぞれ状態は異なっています。仕事や家事育児などを支障なくこなせている人もいれば、そうでない人もいます。重症化して支援を必要としている人もいますし、私が提案するＳＥＰという方法が合わない人もいるでしょう。

しかし、本書に書かれていることは、虐待サバイバーである私が立ち直った方法ですから、試してみる価値はあります。ぜひとも生活の一部として取り入れることで、人間としての尊厳を取り戻し、穏やかで心豊かな生活を楽しんでいただきたい――そんな思いを込めて書きました。

最後になりましたが、出版にあたり、約2年を超えて辛抱強く原稿を読み込み、校正をくり返してくださった編集者の中満和大さん、この本の完成を信じて温かなエールを送ってくださったノンフィクション作家の眞並恭介さん、私のホームベースであるWANA関西をいつも支えてくれている皆さんとスタッフたち、そして、どんなときも私の応援団でいてくれる娘と息子たちに、この場を借りて心からの感謝を申し上げます。

2021年4月

藤木美奈子

▼ＳＥＰに関する問い合わせ先

ＳＥＰ研究所 公式ウェブサイト　https://seplabo.com

当事者の方の問い合わせ先　sep@wana.gr.jp

支援者向け研修などの問い合わせ先　labo@wana.gr.jp

資料

本文で紹介した支援機関・
団体のウェブサイトと
検索ワードをまとめました。
アクセス時のヒントにしてください。

精神保健福祉センター

全国精神保健福祉センター長会のサイトから調べられるほか、厚生労働省も連絡先などを一覧にしています

https://www.zmhwc.jp/centerlist.html

全国の精神保健福祉センター一覧

男女共同参画センター

内閣府の男女共同参画局が一覧を公開しています

https://www.gender.go.jp/policy/chihou_renkei/pref_shisetsu.html

男女共同参画のための総合的な施設

配偶者暴力相談支援センター

男女共同参画局がPDFファイルで一覧を公開していますが、アクセスがより容易な「DV相談+」を掲載します

https://soudanplus.jp/

配偶者暴力相談支援センター

児童相談所

厚生労働省が全国の児童相談所の一覧を公開しています

https://www.mhlw.go.jp/stf/seisakunitsuite/bunya/kodomo/kodomo_kosodate/zisouichiran.html

全国児童相談所一覧

法テラス

日本司法支援センター法テラスの公式ウェブサイトです

https://www.houterasu.or.jp/

法テラス

いのちの電話

一般社団法人日本いのちの電話連盟のサイトです

https://www.inochinodenwa.org/

いのちの電話

全国ベンゾジアゼピン薬害連絡協議会

ウェブサイトにアクセスすると、この団体の提言や医師の意見書などをPDFファイルで閲覧できます

https://www.benzodiazepine-yakugai-association.com/

全国ベンゾジアゼピン薬害連絡協議会

全国オルタナティブ協議会

各地で行われている講演会、学習会の情報や、イベントのリンクが掲載されています

http://alternativejapan.org/

全国オルタナティブ協議会

松尾幸治
2019 「なぜ精神科医は多剤大量処方をするのか」『こころの科学』No.203, pp.40-46.

松本俊彦
2018 「睡眠薬は是か非か──Pros and Cons　Consの立場から──睡眠薬は精神科薬物療法における「悪貨」である」『精神医学』60巻9号, pp.1019-1023.
2014 「依存の問題～常用量依存も含めて」『Modern Physician』Vol.34, No.6, pp.653-656.

三島和夫
2020 「向精神薬の多剤併用と長期処方に関する診療報酬改定の概要とそれに至った要因」『精神医学』62巻4号, pp.365-375.

宮崎 仁
2019 「精神科医でなくても, ベンゾジアゼピンは止められる／減らせる　常用量依存からの脱出」『治療』Vol.101, No.9, pp.1112-1117.

宮原由香里
2020 「ベンゾジアゼピン受容体作動薬とその他の睡眠障害治療薬の薬理作用および問題点」『月刊地域医学』Vol.34, No.4, pp.263-267.

八木剛平
2014 「薬に頼らない精神医療」『環』Vol.56, pp.261-268.

山之内芳雄, 助川鶴平, 稲垣 中, 吉尾 隆, 稲田俊也, 吉村玲児, 岩田仲生
2015 「教育講演:抗精神病薬多剤大量処方からの安全で現実的な減量法:SCAP法」『精神神経学雑誌』117巻4号, pp.305-311.

八木剛平, 鈴木健文, 内田裕之
2015 「精神科薬物療法における“Natural Resilience Theory”の提唱──抗精神病薬の多剤大量処方の是正に向けて──」『精神神経学雑誌』第117巻, 第1号, pp.10-17.

＊薬名と分類は浦部晶夫ほか(編集)『今日の治療薬2021 解説と便覧』(南江堂)および髙久史麿ほか(編集)『治療薬マニュアル2021』(医学書院)を参照した

主要参考文献（著者五十音順）

奥村泰之, 野田寿恵, 伊藤弘人

2013 「日本全国の統合失調症患者への抗精神病薬の処方パターン：ナショナルデータベースの活用」『臨床精神薬理』Vol.16, No.8, pp.1201-1215.

風祭 元

2008 『日本近代精神科薬物療法史』アークメディア.

神田橋條治

1999 『精神科養生のコツ』岩崎学術出版社.

2009 『改訂 精神科養生のコツ』岩崎学術出版社.

2019 『心身養生のコツ』岩崎学術出版社.

桑門由佳, 上島国利

2003 「常用量依存症」『精神科』Vol.2, No.3, pp.241-245.

コルビン, ロッド（水澤都加佐・監訳, 水澤都加佐, 会津亘, 水澤寧子・訳）

2019 『処方薬依存症の理解と対処法』星和書店.

全国オルタナティブ協議会編集部

2015 『減断薬読本 第1版 セルフケアの一環として』

辻 敬一郎, 田島 治

2015 「BzRAsの過去・現在・未来」『薬局』Vol.66, No.12, pp.2949-2954.

2018 「過剰診断と処方薬依存症――抗うつ薬とベンゾジアゼピン系薬剤を中心に――」『臨床精神薬理』Vol.21, No.3, pp.347-355.

成瀬暢也

2020 「ベンゾジアゼピン受容体作動薬依存・乱用の実態」『精神医学』62巻4号, pp.377-386.

｜著　者｜藤木 美奈子
大阪市生まれ。一般社団法人ＷＡＮＡ関西代表理事、ＳＥＰ研究所所長。元龍谷大学准教授。貧困家庭に生まれ児童虐待やパートナーからのＤＶを経験する。女子刑務所刑務官、会社経営などを経て、2008年に大阪市立大学大学院で博士号（創造都市）を取得。家庭内暴力の当事者支援を25年以上にわたり続けながら、ＷＡＮＡ関西（1995年創設）、児童相談所、福祉施設などで自尊感情回復のための心理プログラム「ＳＥＰ」の実践研究を行っている。著書に『親に壊された心の治し方　「育ちの傷」を癒やす方法がわかる本』（講談社）ほか多数。

親《おや》の支配《しはい》　脱出《だっしゅつ》マニュアル
心《こころ》を傷《きず》つける家族《かぞく》から自由《じゆう》になるための本《ほん》　　こころライブラリー

2021年5月25日　第1刷発行

著　者　藤木《ふじき》 美奈子《みなこ》
発行者　鈴木章一
発行所　株式会社講談社
東京都文京区音羽二丁目12－21　郵便番号112－8001
電話番号　編集　03－5395－3560
販売　03－5395－4415
業務　03－5395－3615

印刷所　株式会社新藤慶昌堂
製本所　株式会社若林製本工場

KODANSHA

ISBN978-4-06-523305-4
N. D. C. 367　247p　19cm